SCHELLING

L'angoisse de la vie

La Philosophie en commun

Collection dirigée par Stéphane Douailler, Jacques Poulain, Patrice Vermeren

Nourrie trop exclusivement par la vie solitaire de la pensée, l'exercice de la réflexion a souvent voué les philosophes à un individualisme forcené, renforcé par le culte de l'écriture. Les querelles engendrées par l'adulation de l'originalité y ont trop aisément supplanté tout débat politique théorique.

Notre siècle a découvert l'enracinement de la pensée dans le langage. S'invalidait et tombait du même coup en désuétude cet étrange usage du jugement où le désir de tout soumettre à la critique du vrai y soustrayait royalement ses propres résultats. Condamnées également à l'éclatement, les diverses traditions philosophiques se voyaient contraintes de franchir les frontières de langue et de culture qui les enserraient encore. La crise des fondements scientifiques, la falsification des divers régimes politiques, la neutralisation des sciences humaines et l'explosion technologique ont fait apparaître de leur côté leurs faillites, induisant à reporter leurs espoirs sur la philosophie, autorisant à attendre du partage critique de la vérité jusqu'à la satisfaction des exigences sociales de justice et de liberté. Le débat critique se reconnaissait être une forme de vie.

Ce bouleversement en profondeur de la culture a ramené les philosophes à la pratique orale de l'argumentation, faisant surgir des institutions comme l'École de Korcula (Yougoslavie), le Collège de Philosophie (Paris) ou l'Institut de Philosophie (Madrid). L'objectif de cette collection est de rendre accessibles les fruits de ce partage en commun du jugement de vérité. Il est d'affronter et de surmonter ce qui, dans la crise de civilisation que nous vivons tous, dérive de la dénégation et du refoulement de ce partage du jugement.

Dernières parutions

Sous la direction de S. FOISY, C. THERIEN et J. TREPANIER, *L'expérience esthétique en question*, 2009.

Sinan EVCAN, *La politique à travers Lautréamont*, 2009.

Irma Julienne ANGUE MEDOUX, *Richard Rorty, Un philosophe conséquent*, 2009.

Axel CHERNIAVSKY, *Exprimer l'esprit. Temps et langage chez Bergson*, 2009.

Denis VIENNET, *Il y a malêtre*, 2009.

André TOSEL, *Spinoza ou l'autre (in)finitude*, 2008.

Serge VALDINOCI, P*hénoménologie affective*, 2008.

Jad Hatem

SCHELLING

L'angoisse de la vie

L'Harmattan

5-7, rue de l'Ecole polytechnique, 75005 Paris

http://www.librairieharmattan.com
diffusion.harmattan@wanadoo.fr
harmattan1@wanadoo.fr

ISBN : 978-2-296-09242-6
EAN : 9782296092426

« De l’abîme les lois sont-elles ainsi rompues ? »

Dante, *Purgatoire*, I, 46.

« Schelling, il est tout irisé ».

André Frénaud

À Miklos Vetö

CHAPITRE I

DIEU COMME ESPRIT DANS *PHILOSOPHIE ET RELIGION*

La Trinité semblait destinée à échapper à toute investigation philosophique. S'il a fallu la Révélation pour que l'esprit fini en soupçonne l'existence, ne serait-ce pas qu'elle est, en tant que mystère, précisément irréductible à la spéculation ? On reconnaît, à tout le moins, que son affaire ne se décide pas devant le tribunal de la raison puisqu'on accède à son intelligence moyennant la foi (si bien que le dogme pourra paraître absurde aux incroyants quand il n'est pas entaché de polythéisme).

Après la tentative lessingienne, tout à fait frustre à la vérité, de rationaliser le dogme, il a appartenu à l'idéalisme allemand, particulièrement avec Schelling et Hegel, de lui donner un contenu spéculatif. Mais la philosophie qui s'exprime par leur bouche a secoué la tutelle que lui imposait la théologie. De servante, elle s'est même muée en maîtresse. Et ce n'est pas sans quelque arrogance que le jeune Schelling déclare : « Si l'idée de la Trinité ne peut être comprise spéculativement, elle n'a aucun sens » (V[1], p. 297). Il ne faut donc pas s'attendre à assister à une quelconque défense et illustration de l'orthodoxie.

1. *Sämmtliche Werke*, Stuttgart, 1854-1861.

Je m'attache dans cette étude à la mise en évidence de la notion d'Esprit dans *Philosophie et religion,* notion non seulement négligée, mais dont on n'a pas soupçonné le contenu qui intéresse la production et le maintien du singulier dans l'Absolu.

§ 1. Sur la notion d'esprit chez Schelling

Dans sa *Contribution à l'histoire de la philosophie moderne*, Schelling répercute la critique adressée par Hegel à la philosophie de l'identité de n'avoir pas conçu Dieu comme esprit, mais seulement comme substance[2]. Schelling admet que sa « philosophie de l'identité ne se sert pas de l'expression esprit pour désigner la nature de l'absolu au stade final ou en tant qu'il est résultat ultime. Certes, ce mot aurait rendu un son plus édifiant. Pour le fond de la chose, je pouvais néanmoins estimer suffisant de déterminer Dieu comme ce qui est objet à soi-même (sujet-objet) et existe invariablement en tant que tel ; car de cette façon il était aussi, pour user d'une expression d'Aristote, ce qui se pense soi-même (ʻο εαυτου νοων), il était esprit du moins par sa nature, sinon par son nom, et en ce sens il n'était pas substance, si l'on entend par substance ce qui existe aveuglément » (X, p. 154-155).

On connaît les tentatives schellingiennes de rétroposer les thèses auxquelles leur auteur est parvenu dans le parcours sinueux, mais toujours unifié, de sa philosophie. Je me propose ici de vérifier la place de l'esprit dans *Philosophie et religion,* pièce maîtresse, autant qu'énigmatique, de la philosophie de l'identité. Cette place paraît inexistante car, s'il est possible d'identifier le Fils,

2. Allusion sans doute à *la Phénoménologie de l'esprit*, tr. J. Hyppolite, Paris, Aubier, I, p. 17.

il n'est fait qu'une allusion explicite à l'Esprit. Et pourtant, j'oserai dire que la fonction de l'Esprit est axiale.

Mais d'abord, un survol de la présence de l'Esprit divin dans les textes antérieurs. En règle générale, dans ceux qui précèdent la période de la philosophie de l'Identité, *Geist* désigne l'esprit humain. Ce n'est pas une raison pour en négliger l'analyse car dans l'idéalisme allemand la signification attachée au vocable déteint sur la caractérisation de la troisième hypostase divine. Selon la définition des *Traités explicatifs de l'idéalisme de la Doctrine de la Science*, l'esprit devient, par son activité, son propre objet, ce qui est *pour soi*, non un simple objet inerte. Objet pour lui-même, il est fini. Ayant à le devenir, il est infini. Il est donc l'union de l'infini et du fini (I, p. 367), de l'activité et de la passivité (I, p. 395). Par le jeu de la résistance de la réalité à l'esprit, le monde, son fruit, peut être dit consister en l'expansion et la contraction de l'esprit (I, p. 396). L'autre nom de l'esprit, c'est la conscience de soi.

C'est d'ailleurs dans le *Système de l'idéalisme transcendantal* qui expose la genèse transcendantale de la conscience de soi et « cherche l'origine des choses dans une activité de l'esprit » (III, p. 428) qu'apparaît une formule qui explique l'unique allusion à l'Esprit de Dieu dans *Philosophie et religion*. C'est la sentence bien connue : « Ce que nous nommons Nature est un poème scellé dans une merveilleuse écriture chiffrée. Pourtant l'énigme pourrait se dévoiler si nous y reconnaissions l'Odyssée de l'esprit qui, étrangement abusé, se cherchant lui-même, se fuit lui-même, car à travers le monde sensible s'aperçoit le sens comme au travers de mots seulement, comme à travers une brume à demi-transparente seulement le pays de la fantaisie où s'en vont nos désirs » (III, p. 628). Quoique l'Absolu désigné ici par l'esprit soit celui de la conscience humaine, la phénoménologie marque un moment enveloppant. Un élément de la manière de produire qui est à l'œuvre dans la Nature se retrouve dans la philosophie de l'Histoire qui autorise la conception d'un drame dirigé par « un unique esprit qui compose le rôle de chacun en tous » (III, p. 602), en sorte que ce qui est enseigné de la Providence divine est transféré à l'activité non-consciente dans le déroulement historique.

§ 2. La dynamique historique de l'Esprit de Dieu

Nous voici à même de lire le passage de *Philosophie et religion* : « L'histoire est une épopée issue de l'esprit de Dieu (*Geiste Gottes*). Elle comporte deux parties principales qui décrivent, l'une l'exode de l'humanité à partir de son centre jusqu'au point le plus éloigné, l'autre le retour. Le premier aspect ressemble à l'Iliade de l'histoire, le deuxième à son Odyssée. L'orientation du premier est centrifuge, celle du deuxième est centripète. Voilà comment s'exprime dans l'histoire la grande intention de l'entier phénomène du monde. Les idées, les esprits, devaient déchoir de leur centre et s'introduire dans la nature, le domaine général de la chute, et dans la particularité, afin de pouvoir ensuite, en tant que particuliers, revenir à l'indifférence et, réconciliés pour elle, demeurer en elle sans la troubler » (VI, p. 57)[3].

On est d'entrée de jeu frappé par le redoublement de la notion d'esprit, tantôt divin, tantôt humain. C'est d'ailleurs le sens humain qui, dans l'ensemble de l'ouvrage, l'emporte. Et c'est justice puisque *Philosophie*

---

3. Je cite *Philosophie et religion* dans la traduction de Bernard Gilson, modifiée à l'occasion, parue dans le volume Schelling, *La Liberté humaine*, Paris, Vrin, 1988. Les références seront néanmoins celles de l'édition allemande.

et religion inaugure la partie idéale du système de l'identité consacré au « monde des esprits », formule récurrente chez notre penseur. Mais une relation est immédiatement établie entre l'esprit divin et l'esprit humain puisque l'histoire de l'univers, dont on vient de voir qu'il est le fait de l'Esprit divin, est « celle du monde des esprits » (VI, p. 60). *Les Leçons sur la méthode des études académiques* proposaient une autre juxtaposition : l'Histoire s'y dressait à la fois comme le « grand miroir de l'esprit du monde » et comme « le poème éternel de l'intellect divin » (V, p. 309). La convergence sera encore plus sensible lorsque sera élucidé le sens du panthéisme schellingien.

Il n'en reste pas moins que l'Esprit divin a priorité (chose évidente dans la philosophie de l'Identité), ce qui explique que l'Odyssée centripète soit flanquée d'une Iliade centrifuge (cf. V, p. 655). Or ce qui avait été analysé tout au long de l'ouvrage comme défection des âmes cherchant à ressentir leur liberté devient ici procédé divin d'auto-développement moyennant le devenir-effectif. Pour bien comprendre ce trait, il faut envisager avec Schelling la structure divine comme expression à la fois idéale et réelle de l'Absolu. L'idéal pur, à savoir Dieu, est l'antécédent absolu qui ne sort jamais de son éternité (VI, p. 31). On aura reconnu le Père. Le réel désigne l'existence divine, résultat de l'auto-affirmation, à savoir l'idéal en tant qu'existant (Dieu dans son parvis, pour parler comme Maître Eckhart, et non dans son temple[4]). On pourrait dire avec Dante, l'Idée en tant qu'expression de l'auto-connaissance de Dieu (*Par*, XIII, 53). Si l'idéal peut être symbolisé par A, je dirai l'idée réelle AB, sachant qu'il n'y a pas de B en soi, c'est-à-dire de matière pure, de réalité

4. Cf. *Sermon* 9.

qui ne soit réalité de l'Idée. Ce qui pousse A à s'existentier[5] et s'exposer comme AB est l'auto-représentation et l'auto-compréhension divines, laquelle ne se fait pas à la faveur d'une scission ou sortie de soi car Dieu ne se coupe pas en deux, mais d'une réflexion : « L'idéal devient objectif dans le réel à titre d'image (*Bild*) indépendante » (VI, p. 31). AB évoque donc le Fils qui, d'après saint Paul, est l'Image du Dieu invisible (Col 1:15), comme le rappelle Schelling (IV, p. 327). La thèse dogmatique de la consubstantialité se retrouve dans l'affirmation que toute l'essentialité est transférée dans le réel, celle de l'hypostasie est maintenue dans la considération de la *Selbständigkeit* qui évoque l'idée d'état, de tenue et même d'habitation. C'est la qualité de ce qui se tient chez soi.

Or l'image, libre à l'instar du prototype (car la liberté est bien la première de toutes les réalités puisque c'est le premier objet de l'auto-contemplation de l'idéalité), veut éprouver sa liberté (seule la liberté en tant que réelle peut en effet avoir le désir de soi[6]), avec pour conséquence la catastrophe : « L'Absoluité confère à sa Réplique (*Gegenbild*), avec l'être issu de lui, l'indépendance [littéralement : *l'autostance*, terme positif]. Cet être en soi-même, cette réalité propre et véritable de ce sur quoi l'intuition porte en premier, est la *liberté*. De cette indépendance première de la Réplique découle ce qui reparaît dans le monde phénoménal comme la liberté :

5. On pourrait dire, sur base de l'équivalence entre le Réel et l'existence de Dieu (VI, p. 25), que le Fils est l'existant. De quoi rappeler la conception que se faisait Marius Victorinus du Fils comme forme et existence (*exsistentia*) du Père, l'engendrement signifiant extériorisation (*Lettre à Candidus*).

6. Que l'on songe au conte d'Andersen, *L'Ombre*, où la réplique se saisit elle-même en s'affranchissant de la tutelle absolue de celui dont elle dérive. Elle porte tout le potentiel imaginatif de l'homme et le déploie dans l'effectivité, mais c'est ici aux dépens de l'originel.

la dernière trace et aussi le sceau de la divinité contemplée dans le monde déchu. La Réplique, cet Absolu qui possède toutes les propriétés en commun avec le premier, ne serait pas vraiment elle-même et absolue si elle ne *pouvait* se saisir en son soi pour être vraiment l'*autre* Absolu. Or, elle ne peut être comme l'*autre* Absolu sans, par là, se séparer de l'Absolu véritable, ou déchoir loin de lui. Elle n'est *vraiment* en elle-même et absolue que dans l'auto-objectivation de l'Absolu, autrement dit autant qu'elle demeure aussi en lui : ainsi se rattache-t-elle à l'Absolu par la relation de la *nécessité*. Elle n'est absolument libre qu'en l'absolue nécessité. Dès lors qu'elle se sépare de la nécessité en sa qualité *propre*, comme étant libre, elle perd du même coup la liberté pour s'embrouiller dans cette nécessité qui est la négation de la nécessité absolue et est donc purement finie » (VI, p. 39-40). Ce passage est crucial à un double titre : il fait apparaître la déchéance comme finitisation due au besoin d'éprouver sa liberté — qui est vouloir être quelque chose pour soi et de soi, précisait Schelling dans le Système de Würzburg (VI, p. 561) —, et d'autre part, il met le Fils en équation avec le monde comme l'avait suggéré Giordano Bruno qui conférait à l'univers la qualité d'image et d'unique engendré de Dieu[7]. C'est en effet la Réplique (AB) qui s'inverse en monde phénoménal et c'est aux idées qui en font partie qu'il appartient de se reconvertir à l'Absolu.

Rien ne me paraît mieux illustrer ce texte que la parabole lucanienne des deux fils et je suis même porté à croire que Schelling l'avait présente à l'esprit. En effet, le fils cadet désire sa part d'héritage afin d'éprouver son pouvoir, de se sentir, d'être enfin l'ipséité assurée d'elle-

7. « Lo universo, che è il grande simulacro, la grande imagine e l'unigenita natura... » (*De la Causa, Principio et Uno*, III). On sait que *monogène* caractérise le Fils dans la doctrine trinitaire.

même dont il est gros. Tant qu'il réside auprès de son père, il dépend de lui et lui obéit. Mais cette soumission à la nécessité porte en elle la possibilité de l'être-soi et du détachement afin de conquérir le site du gouvernement de soi, car étant fils, il n'est pas chose inerte, mais une personne libre. Il n'est pas qu'image expressive de sa cause. Ce que l'enfant prodigue n'aperçoit pas, c'est que la véritable liberté consiste dans cet état de dépendance (« la Réplique n'est absolument libre qu'en l'absolue nécessité »). Mais cela nul ne le sait à moins d'avoir rompu les attaches et peiné (« combien de salariés de mon père ont du pain de reste et moi je meurs ici de faim ! ») ou été enseigné comme le sera l'aîné (« Tout ce qui est à moi est à toi » — proposition que Jésus prend à son compte chez Jean (16:15) : « Tout ce qui est à mon Père est à moi ». Par cet enseignement, le sens est acquis de cette identité de la liberté et de la nécessité qui faisait dire à saint Augustin : « Dans la maison du Seigneur, l'esclavage est libre. L'esclavage est libre lorsque ce n'est pas la contrainte mais la charité qui sert »[8]). La vie est divine qui réside en l'Absolu, quand bien même dans la crainte filiale qui est révérence et adoration, et qui se distingue de la crainte servile laquelle ne persiste pas dans la patrie[9]. Par contraste, la liberté empirique a tôt fait de se découvrir ignorance et indigence, d'autant qu'elle est soumise à une nécessité empirique où s'entretissent la faim, la fatigue, la maladie et la mort, en un mot la finitude (« Il avait envie de se remplir le ventre des caroubes que mangeaient les pourceaux »). La comparaison entre Schelling et la parabole invite à un développement : l'identification des deux fils comme les deux faces du destin de la Réplique

8. *Ennaratio in Psalmum XCIX, 7*. D'où l'adage médiéval : « *Parere Deo libertas* ».
9. Cf. Thomas d'Aquin, *Somme théologique*, II-II, q. 11.

dont l'inversion phénoménale n'affecte pas l'essence transcendante comme d'ailleurs le suggère fortement *Le Chant de la perle* où le prince descendu en Egypte et qui fait retour rejoint son frère, son double. Pour Schelling, il n'y a pas d'aîné qui puisse conquérir l'*être pour soi* dans l'Absolu comme le confirment et l'éternité de la chute et son inéluctabilité laquelle dépend de l'impossibilité réelle d'une identité de la liberté et de la nécessité absolues qui n'ait pas fait l'épreuve de la concrétude et de l'individuation. C'est donc le Même qui s'engage dans l'effectivité et maintient son essence dans l'Absolu. De fait, notre philosophe précise que l'idée originelle possède une « vie double », l'une dans la substance, l'autre en soi-même, par quoi elle persiste dans l'essence quand bien même, sous un autre aspect, elle réside en soi, se vouant à un « simulacre de vie » (VI, p. 41 ; cf. VI, p. 187, 551)[10]. Il précise, à la suite, que la chute, au fond, n'affecte pas tant l'Absolu que l'Image (VI, p. 42). On dira qu'il se dédouble en modèle et son ombre, en monde à l'endroit et monde à l'envers. Ce qui pour le *Bruno* (IV, p. 259) est séparation facticielle et pour le début de *Philosophie et religion* chute qui prend son origine dans une liberté abyssale, peut ici emprunter déjà aux *Recherches sur la liberté humaine* leur inimitable pathos : « L'angoisse même de la vie pousse l'homme hors du centre où il a été créé » (VII, p. 381), à condition de considérer cette angoisse de la vie comme une angoisse de la liberté pour elle-même, comme une volonté qui se veut elle-même et pour cela se produit elle-même[11]. Mais si un se sentir de la liberté implique nécessairement à

10. On songe à Hercule dont Ulysse rencontre l'ombre dans l'Hadès alors qu'il séjourne en personne dans la joie des festins parmi les Immortels (*Odyssée*, XI, 601-606 ; cf. Plotin, *Ennéades* IV, 3, § 27).
11. « Une volonté qui ne s'engendre pas elle-même n'est pas une volonté » (Marius Victorinus, *Adversus Arium*, I, PL 8, 1064 C).

la fois une individuation et la vie, alors le désir d'une épreuve de soi de la liberté entraîne l'apparition d'une pulsion pour la vie singulière. L'angoisse se transforme en sang[12].

L'Iliade, cette apparente catastrophe, est le fait des âmes qui s'exilent de Dieu. Cette vue simpliste, oublieuse de la philosophie de l'histoire, voire même de la théogonie accomplie, néglige le ressort absolu de la chute, à savoir la liberté de la liberté, enracinée dans la forme de l'auto-révélation de l'Absolu (cf. VI, p. 40). La formule du Système de 1804 : « La séparation entre l'agir et le connaître est la chute de la liberté hors de la nécessité « (VI, p. 541) doit nous rappeler que c'est la Réplique comme telle qui est libre (VI, p. 39). Or cette dernière sera assimilée au Fils dans la suite de *Philosophie et religion*. Pour le dire, Schelling va commencer par présenter de la chute une notion plus positive : « Puisque l'histoire a pour intention finale de combler l'écart de la déchéance, on peut envisager celle-ci sous un aspect plus positif de ce point de vue. Tandis que le soi initial des idées procédait de l'opération immédiate de Dieu, elles s'établissent, quand l'écart se comble, dans un soi et un ordre de l'Absolu *qu'elles se donnent elles-mêmes* : elles demeurent vraiment indépendantes dans l'ordre absolu sans lui porter atteinte et la chute devient le moyen de la révélation *achevée* de Dieu. Lorsqu'en vertu de l'éternelle nécessité de sa nature, Dieu confère le soi à l'objet contemplé, il le livre à la finitude et le sacrifie afin que les idées, d'abord incluses dans la divinité sans vie autonome, soient appelées à vivre et deviennent ainsi capables de revenir dans l'ordre de l'Absolu pourvues d'une existence indépendante : c'est ce

12. À l'inverse de ce que dit Fondane : « Mais comment cette chair devient esprit, le sais-je, / comment le lait se transforme en paroles / et le sang en angoisse » (*Le Poète et son ombre*, IX).

qu'accomplit la moralité parfaite » (VI, p. 63)[13]. Ce que gagne l'idée, d'après *Les Recherches* qui citent ce passage, c'est l'ipséité et le pour soi (VII, p. 404) qui deviennent les instruments de l'auto-révélation divine.

J'ai déjà montré que la Réplique, en tant qu'image de Dieu, désignait le Fils. Il est pour le moins étonnant que ce dernier fasse montre d'un inquiétant esprit de révolte et traverse, en destructurant son être, l'abîme qui sépare l'absolu du phénoménal (ou l'effectif). Il convient donc de rapporter aux mystères religieux la fusion de deux conceptions, celle de la chute et celle du devenir mortel et de la souffrance d'un Dieu (cf. VI, p. 68). On comprend à présent que cet acte éternel qui procède immédiatement de l'auto-révélation de Dieu ait ici pour agent le Père[14] qui, ayant posé le Fils dans l'inconfort d'une liberté qui ne s'éprouve pas, ne se contente pas de lui laisser les brides, mais va jusqu'à le livrer à une instabilité qui le contraint au saut et à la finitude. Plutôt qu'une contradiction dans le propos, il convient de mettre en relief la dualité des perspectives. Celle des idées, obéissant à leur spontanéité (Adam — ou l'ange[15] — est libre), n'empêche pas que s'y superpose celle du Père leur offrant une vie qui, ne pouvant qu'être ipséique, les pousse à la rupture ! Comme dira le vieux Schelling : « La liberté est notre [réalité] suprême, et celle de Dieu »[16].

---

13. Rappelons que les *Recherches* ont retenu (VII, p. 404) le passage de *Philosophie et religion* que je suis en train de commenter.

14. Comparer avec Paul pour qui Dieu n'épargne pas non plus son Fils, mais c'est « pour nous » (Rom, 8:32).

15. On est mis sur la piste de l'ange par les *Expositions complémentaires* qui comparent les idées aux premières créatures, ces êtres bienheureux qui vivent dans la contemplation immédiate de Dieu (IV, p. 405).

16. *Urfassung der Philosophie der Offenbarung*, Hamburg, Meiner, 1992, p. 79.

Certes, on ne saurait prétendre que la volonté du Fils coïncide purement et simplement avec celle du Père, comme l'enseigne par ailleurs le dogme la Trinité. Il n'en reste pas moins que le propos initial sur la rupture est fortement atténué par la considération du projet divin. Au fond, la Réplique (ou l'antitype), cette image dont la tâche, disons même la nature, se résume à exprimer totalement Dieu, rend un signalé service à son modèle (*Urbild,* le type) qui, pour sa part, n'agit pas et ne peut devenir effectif. Dieu n'est le futur et la plénitude de lui-même que par la grâce de son Image. Il a son centre en soi, mais également hors de soi.

Le but en est maintenant clair : la pleine révélation exige la détermination des idées, comme pensées de Dieu, en ipséités moyennant, d'une part, la concrétude qui, autel du sacrifice et corollaire de l'auto-révélation, est conjointement multiplicité et effectivité, et d'autre part, la science qui restaure l'absoluité dans l'âme de telle manière que l'idée se réduplique elle-même : comme elle s'est donné à elle-même l'ipséité, celle-ci lui appartient désormais en toute indépendance (VI, p. 63), l'accès à la vie rappelant la parole du père de l'enfant prodigue : « Il était mort et il vit à nouveau » (Lc 15 :32). La chute, comme premier moment de l'action du *principium individuationis* (d'ailleurs étayé par la *diastema* spatio-temporelle), ne devrait servir comme notion, que pour la sortie, non l'intention sacrificielle mieux cernée par le terme de kénose cosmique. Même si cette dernière thématique ne s'impose à Schelling qu'à partir de 1810, elle se trouve annoncée en 1804 comme l'une des deux faces de l'explication divine[17]. Et s'il y a deux faces, le

17. On peut remonter aux textes de 1802 où Schelling expose le christianisme. Le fini y est présenté comme déchu de Dieu, et en même temps le Fils « est le fini tel qu'il est présent dans l'intuition éternelle

thème de l'ironie divine point déjà car l'éternel se révèle à travers son contraire, l'effectif et le temporel. Pour cette raison, toute assimilation de l'Autre Absolu de *Philosophie et Religion* à l'humanité en tant que telle me paraît prématurée par cela qu'elle amalgame deux moments du développement schellingien[18].

L'Odyssée implique une réconciliation d'un type spécifique. Si la liberté empirique y court nécessairement à son extinction, les ipséités sont préservées dans leur acte spirituel sans d'ailleurs que leur restauration donne prétexte à récidive. Schelling anticipe ici les termes de sa philosophie intermédiaire, de l'*Anti-Jacobi* par exemple, où un Dieu oméga fait pendant à un Dieu alpha (VIII, p. 81)[19]. En effet, quand bien même l'Absolu surplombe toute dualité, quand bien même le Fils ne cesse d'être en soi, en l'Éternel (en tant que fils aîné comme je l'ai suggéré), alors même qu'il est sacrifié en monde phénoménal, la remontée des idées ipséisées opère dans la déité une mutation (analogue, dans la doctrine chrétienne, à l'introduction de la nature humaine dans la Trinité par suite de l'Incarnation du Verbe), ou plutôt une authentification qui est vérification, car voici les idées réellement en possession de la *Selbständigkeit*, dont nous savons, par le Système de Würzburg, que l'Absolu ne saurait rien tolérer de moins (VI, p. 187).

---

de Dieu », apparaissant comme « Dieu souffrant ». Cette dernière dénomination ne concerne pas le Golgotha puisque Schelling ajoute : « ...et, au comble de son apparition, dans le Christ » (V, p. 294).

18. Habermas assimile l'Autre absolu à Adam Kadmon (*Théorie et pratique*, I, Paris, Payot, 1975, p. 202) ce qui semble défendable à condition d'exprimer cet Adam comme étant le Fils. Même alors la part sacrificielle est perdue de vue car la nuance entre la Réplique et les idées qui la constituent se trouve éliminée.

19. Cf. J. Hatem, *De l'Absolu à Dieu. Autour du* Traité sur la liberté *de Schelling*, Paris, Cariscript, 1987, p. 44.

J'ai identifié l'Idéal au Père. Mais une métaphore suggère l'attribution de l'Esprit : avec l'idéal pur qui « plane (*schwebt*) éternellement au-dessus de toute réalité » (VI, p. 31), allusion est faite à l'Esprit de Dieu surnageant les eaux (Gn 1:1) car la Bible de Luther propose le verbe *schweben*. Une distribution Un=Père ; idéal=Esprit ; réel=Fils, résolverait bien des problèmes, en rabattant l'idéal sur la substance pensante de Spinoza[20]. Elle aurait le double tort de faire du Fils (AB) l'image de l'Esprit (qui serait A), chose impossible, et surtout de rater l'intention de *Philosophie et religion*. La première difficulté peut être facilement contournée par l'identification de l'Esprit à la Forme (qui joue le rôle de copule) dont il est dit qu'elle vient après l'idéal et est suivie par le réel et, dans les deux cas, immédiatement (VI, p. 30). Ce qui ajoute du crédit à cette manière de voir, c'est précisément la sentence citée plus haut qui fait de l'Esprit de Dieu l'initiateur de l'histoire. En effet, c'est la Forme (que *Les Expositions complémentaires* avaient d'ailleurs définie comme unité du fini et de l'infini) qui veut que l'idéal soit, sans sortir de son idéalité, réel (VI, p. 30). Il se confirme que la Forme se distingue du Fils proprement dit, encore que ce dernier soit le produit de l'information[21].

Chaque fois qu'à cette époque Schelling envisage le Père, il lui assortit cette formule, rattachée dans *Philosophie et religion* à l'Idéal, qu'il ne sort jamais de son éternité, planant donc dans un splendide isolement. L'exemple qui suit, tiré du *Bruno*, permet en outre de mieux identifier le rôle de l'Esprit : « Dans l'essence de cet

---

20. Sur ce dernier point, voir les *Conférences de Stuttgart*, VII, p. 443.

21. Pour *Philosophie et religion*, la Forme est le *ce par quoi* l'Absolu s'objective, le Réel étant le *ce en quoi* (VI, p. 34), alors que pour Marius Victorinus, elle est le *ce en quoi* le Père est contemplé (*Adversus Arium*, IV, PL 8, 1136 C), ce qui lui permet d'affirmer que le Fils est forme du Père (*Adversus Arium*, IV, PL 8, 1081 C).

Un, qui n'est ni l'un ni l'autre de tous les opposés, nous reconnaîtrons le Père éternel et invisible de toutes choses, qui, sans jamais sortir lui-même de son éternité, comprend le fini et l'infini dans un seul et même acte de connaissance divine ; l'infini, c'est, à la vérité, l'Esprit, qui est l'unité de toutes choses, et le fini, en soi il est vrai égal à l'infini, est cependant de sa propre volonté, un dieu souffrant et soumis aux conditions du temps » (IV, p. 252)[22]. On voit que l'Esprit est associé à l'infini. Or l'infinité, suivant le Système de Würzburg qui est rigoureusement contemporain de *Philosophie et religion*, est immédiatement totalité (VI, p. 174). Mais autre la totalité implicite, autre la totalité explicite, effective moyennant la particularisation et la restauration. Il y a un aspect de l'esprit qui dominait lors de la période où Schelling s'inscrivait dans le sillage de Fichte et qui est préservé dans *Philosophie et religion*, c'est le retour à soi qui, dans la période de l'Identité, porte le nom de *Wiedereinbildung* ou *Zurückbildung*, moment de la reprise du fini dans l'infini (II p. 65, V, p. 505). Ce qui est objet de pensée, sous la catégorie de l'Esprit, c'est donc la production et la subsistance des individus dans le Fils, le grand retour à la vie absolue. C'est pourquoi *Les Leçons sur la méthode des études académiques* avaient énoncé que le Christ conclut le monde de la finité et ouvre celui de l'infinité comme règne de l'Esprit (V, p. 295) auquel la contemporaine *Philosophie de l'art* assigne le rôle de rapatrier le fini dans l'infini (V, p. 432).

---

22. Mêmes expressions dans la *Philosophie de l'art* : « L'Éternel est le Père de toutes choses, celui qui ne sort jamais de son infinité, mais s'enfante de toute éternité selon deux formes tout aussi éternelles que lui : le fini, qui est le Fils de Dieu en soi absolu, mais dans le phénomène Fils qui souffre et s'incarne, puis l'Esprit éternel, l'infini dans lequel toutes choses ne font qu'une. Au-dessus, le Dieu de toute résolution » (V, p. 431).

Du coup se découvre le rapport de la Forme à l'Esprit. À titre de copule, la Forme, en effet, ne se contente pas d'objectiver l'idéal comme réel. Elle reprend le réel dans l'idéal. Mais cette reprise, comme elle n'a lieu, selon le système de l'Identité, que dans l'auto-affirmation de l'Absolu, ne laisse du particulier qu'un dessin évanescent (cf. VI, p. 197). De là l'obligation de réinvestir le moment fichtéen de l'auto-affirmation du moi en tant que principe général de la finitude (VI, p. 42), ce dont se charge *Philosophie et religion*[23]. Comme Dieu ne peut poser le particulier comme *réel*, il revient au particulier de se poser soi-même, ce qu'il ne peut que dans le champ de l'effectivité. Le pathos d'un discours sur la finitude comme non-être et privation doit donc être retourné dès lors qu'il ne s'agit plus seulement de tous les étants en qui se réfléchit l'Absolu précisément par le moyen de leur déficience ontologique, mais de l'âme humaine et de la nécessité pour l'auto-révélation divine que chaque être connaissant présente l'être de manière propre en sorte que tout le possible se réalise. La nouveauté de *Philosophie et religion* est dans la positivité du particulier qui, loin de s'anéantir lors de la restauration — comme l'aurait exigé maint développement du Système de l'identité, même contemporain (cf. VI, p. 187) — conquiert sa stabilité conjointement ontologique et morale par l'effet d'une *uniformation* spécifique : « Vivre une vie non pas dépendante, mais à la fois respectueuse de la loi et libre, c'est cela l'absolue moralité. Si l'idée et son image, le corps du monde, doivent assumer le centre, l'identité, pour y résider et réciproquement, il en va de même de l'âme. Sa tendance à ne faire qu'un avec le centre, avec Dieu,

23. Que l'homme a posé le monde extradivin (et le Fils) est une idée qui accompagnera Schelling jusque dans *La Philosophie de la révélation* (leçons XVII et XXV).

constitue la moralité ; mais la différence persisterait comme une simple négation si cette réadmission de la finitude dans l'infinité n'assurait, en même temps, le passage de l'infini dans le fini et donc le parfait être en soi-même du fini » (VI, p. 55-56). Cet accueil de l'infini dans le fini fait manifestement écho au § 308 du *Système de Philosophie en totalité* de 1804 : « En nous-mêmes réside cette harmonie-là de la nécessité et de la liberté – elle réside à proprement parler dans la source des idées adéquates dans l'*éternel de l'âme*. Que la conscience de ce point échappe constamment aux hommes dans l'agir est nécessaire, puisque justement leur agir, leur visée [*Streben*] vers l'extérieur reposent sur la séparation spécifique [*bestimmt*] de la liberté d'avec la nécessité, parce qu'ils s'imaginent être libres alors que seule une nécessité éternelle et absolue agit en eux. Ils ne s'aperçoivent pas que le point qu'ils visent ultimement eux-mêmes, à savoir de poser la liberté en harmonie avec la nécessité, fuit nécessairement devant eux dans leur agir, qu'il ne se situe pas *devant* mais derrière eux, et qu'ils devraient d'abord arriver à s'immobiliser pour le trouver. La plupart cependant n'arrivent jamais à s'immobiliser, jamais à la pondération divine, par laquelle l'homme accueille en lui l'infini et fonde sa vie pour toujours. À celui à qui ce point-là s'est ouvert s'ouvrent aussi le bonheur et le vrai repos. Pour lui, le ciel se voûte en l'image transfigurée de la Totalité, et comme l'étoile du Nord éclaire le navigateur à travers la profondeur insondable, ainsi l'identité éternelle de ce point l'éclaire-t-elle à travers tous les tumultes et tous les changements de la vie. Cela nous rassure, nous élève pour toujours au-dessus de toute nostalgie, peur ou espoir vides, de savoir que ce ne sont pas nous qui agissons, mais qu'une nécessité divine agit en nous, par laquelle nous sommes portés vers le but, et avec laquelle rien de ce qui découle de la liberté absolue ne peut entrer en contradiction ; car elle est elle-même cette liberté absolue » (VI, p. 553-554). Dans ce mouvement même, Schelling parvient à la notion d'inter-immanence, comme il appert du § 312 : « Une vie divine n'est justement possible que si ce concept éternel de notre essence en Dieu devient manifeste, c'est-à-dire si Dieu lui-même devient manifeste dans notre vie comme phénomène, donc aussi dans l'âme, si l'en-soi de l'âme devient aussi l'[âme] effective. À celui en lequel l'en-soi de l'âme est aussi l'[âme] effective, Dieu n'est pas extérieur, il reconnaît Dieu en lui. Tout autre se rapporte à Dieu comme à son fondement ; il se manifeste à lui comme destin, ou il se tient à une distance infinie de lui, comme un simple *objet* – peu importe le tenir-pour-vrai. À celui dont l'âme même est saisie [*ergriffen*] par le divin, Dieu n'est pas extérieur, ni une tâche infinie ; Dieu est en lui et il est en Dieu » (VI, p. 562). L'union en l'âme du savoir et de l'action, séparés par la chute, s'accomplit dès lors que l'âme devient égale à son essence, union qui signifie immédiatement l'union à Dieu (§ 310, VI, p. 556), qu'il est précisément accordé à des individualités d'accomplir, en précédant la marche trop lente de l'espèce humaine : « L'*identité* avec Dieu n'est possible qu'à l'*éternel* de l'âme. Comme celui-ci est absolu, donc atemporellement éternel, aussi cette identité avec Dieu est-elle elle-même éternelle, c'est-à-dire qu'elle n'est concevable de nulle manière naturelle ou empirique. Elle anéantit tout temps et pose dans le temps l'éternité absolue : paix avec Dieu, disparition du passé, rémission des péchés. L'inconcevabilité d'un tel passage se produisant dans le temps vers un état complètement atemporel a été ressentie de tout temps. S'apercevoir subitement, après de longs tâtonnements, que l'on a l'éternité en soi équivaut à un éclaircissement, une illumination de la conscience, que l'on ne pourrait expliquer qu'à partir de l'éternel, c'est-à-dire de Dieu lui-même. D'un autre côté, la saisie [*Ergreifen*] de l'éternité (re)connue [*erkannt*] en soi ne peut apparaître, du point de vue de l'agir, que comme l'effet d'une *grâce*, d'une chance particulière. Même si seuls quelques-uns parviennent encore à exprimer l'éternité dans le temps, il apparaît de ce qui précède que chacun peut, *pour soi,* avoir part au Plus Haut et devenir véritablement un avec Dieu, et que pour cela, il n'a besoin des autres hommes que jusqu'à un certain degré. L'individu peut donc devancer [*zuvoreilen*] le genre, dont le destin s'étale dans le temps infini, et prendre à l'avance le Plus Haut [*das Höchste*] pour soi. Le vrai chemin, le seul sur lequel la perfection la plus possible du Tout est atteinte, est que chacun cherche, pour soi, à exposer [*darstellen*] le Plus Haut en soi » (§ 313, VI, p. 562-563).

Mais ce fini qui s'est fait savoir de l'infini désigne déjà ce que Schelling nomme le monde des esprits appelé à absorber le monde sensible (VI, p. 63). Il importe peu dès lors que l'âme liée au corps et à l'entendement s'abolisse (VI, p. 60), pourvu que persiste l'esprit. Il convient donc de réinterpréter dans le sens de la visée finale de *Philosophie et religion* l'emprunt fait à Spinoza de la notion d'une éternité de l'en-soi de l'âme supérieure à l'immortalité (VI, p. 60) comme si elle estompait purement et simplement l'ipséité. « Quel est le but suprême de tous les esprits ? Non pas que ceux-ci cessent absolument d'être en eux-mêmes, mais que cet être en soi-même cesse de constituer pour eux une négation et de se changer en son opposé, autrement dit *qu'ils* s'affranchissent sans réserve du corps et de tout rapport avec la matière » (VI, p. 62). Le schéma spinoziste de l'âme idée dont le concept éternel réside en Dieu (VI, p. 60, 183) se compose avec la tapisserie leibnizienne des monades. Tout ce qui fut jadis dans l'apparaître, se meut à présent auprès des Mères et aspire à l'éternité[24]. L'ombre d'Hercule peut se plaindre pour l'éternité des peines endurées en son existence terrestre, lui-même jouit de la félicité en compagnie des dieux[25]. La mémoire individuelle est abandonnée comme un déchet sur la grève de la nécessité finie, mais le gain véritable est ailleurs, dans l'être individué préservé dans la figure de l'avoir-été, le bénéfice est dans la bigarrure éclatante et tout le bariolé qui enchantaient Hopkins (dans son poème *Pied Beauty*) et le faisait louer le Créateur. Il ne suffit pas de protéger l'essaim du multiple, il faut encore voir en lui l'Image divine se déployant éternellement. Comme dirait Hopkins, c'est bien le Fils qui joue en dix mille places revenant « au Père sous les traits des visages humains » (*As kingfischers catch fire*). La plus grande gloire de Dieu consiste alors dans la plénitude processuelle de sa manifestation. C'est l'extase qui fait la vivante richesse de l'être !

La formule de l'Esprit s'énoncerait A+B (le signe + marquant l'infinité des particuliers). Au final : A (Père) = AB (Fils) = A+B (Esprit). On dira, en reprenant les termes de la première Épître aux Corinthiens (2 :10), que l'Esprit sonde les profondeurs de Dieu par cela qu'il les met au jour. L'Esprit n'est rien d'autre que l'auto-développement du Fils[26].

La périodicité mise en avant dès *Le Système de l'idéalisme transcendantal* n'est donc pas révoquée par la Philosophie de l'Identité qui rappelle les trois moments que sont la Nature, le Destin et la Providence (V, p. 290). À la

24 . Goethe, *Faust*, v. 6431-6432.

25 . Homère, *Odyssée*, XI, v. 601-604.

26. Il est remarquable que pour Marius Victorinus, qui d'ailleurs fait une dyade du Fils et de l'Esprit-Saint, ce dernier soit défini comme « révélation (*demonstratio*) de la totalité de l'existence » (*Hymnus*, III, PL 8, 1145 A).

Providence correspond le Christianisme qui, à son tour, se plie à la triplicité d'un monde de la nature, du Fils et de l'Esprit, le Fils mettant un terme au polythéisme. « La première idée du Christianisme est (...) celle du Dieu fait homme, du Christ comme cime et aboutissement de l'ancien monde des dieux. Lui aussi finitise en lui le divin, mais il revêt l'humanité non pas dans sa grandeur, mais dans sa bassesse, et il se tient là comme une apparition, certes arrêtée de toute éternité, mais passagère et située dans le temps, comme la limite entre deux mondes ; lui-même retourne dans l'invisible, promet à sa place, non pas le principe qui vient dans le fini pour y demeurer, mais l'Esprit, le principe idéal qui reconduit bien plutôt le fini dans l'infini et qui comme tel est la lumière du nouveau monde » (V, p. 292 ; cf. V, p. 432).

§ 3. Autour de *Philosophie et religion* : l'Absolu et le singulier

Notre philosophe ne cesse de transposer dans l'ontologie le problème pratique de l'autonomie de la volonté. Il perçoit comme une aporie (dont la résolution exerce la sagacité de l'idéalisme et du romantisme allemands) le rapport kantien entre l'autonomie et l'hétéronomie entendue non pas comme affection du sensible, mais injonction divine.

Schelling est partagé entre une véritable uni-totalité vivante et une identité qui ne se révèle dans la multiplicité que sous la forme du non-multiple, ce qui revient pour elle à ne se déployer que sur un mode purement négatif, au détriment de la multiplicité rejetée dans l'inessentiel (II, p. 363 ; VII, p. 164-165). L'identité absolue de 1801 qui absorbe toutes les différences a pour versant la multiplicité des formes. Schelling oscille du pôle de l'indifférence à celui de l'individualisation avec un possible équilibre des deux points de vue. Part-on de l'identité absolue, on éprouve le plus grand mal à concevoir la singularité puisqu'au singulier comme tel manque la réalité (*Exposition de mon système de philosophie*, § 28). Toutefois, même ici l'Absolu est défini comme auto-connaître (§ 19) qui exige la forme de la subject-objectivité (§ 21), principe de toute différenciation (§ 38). La médiation de la différence dans le procès de l'auto-connaissance de l'Absolu affleure en plusieurs points, notamment dans le passage où Schelling spécifie que les idées ne peuvent se manifester que dans le champ du particulier (VI, p. 35) en lequel seulement est la vie (cela laisse-t-il sous-entendre que l'Absolu a soif de vie ?), et pour lequel le philosophe réclame la liberté (V, p. 393) : « Le degré de perfection de tout être est égal à son degré de particularité » (VII, p. 163). Toute chose doit être reconnue à sa valeur et laissée-être en sa puissance (IV, p. 344). Si les *Aphorismes pour introduire à la philosophie de la nature* insistent tant sur la divinité du singulier (§ 19), reflet immédiat de Dieu (§ 222), et proclament la sainteté de toutes choses (§ 224), cela est dû au fait que le singulier constitue la pièce maîtresse de l'auto-position de Dieu ! Dieu ne peut être vivant et existant que dans la forme de son auto-révélation (VII, p. 58), la contradiction étant le principe même de la vie (VII, p. 52). En d'autres termes, Dieu ne peut être seulement essence ou unité, il veut être aussi forme et totalité. Son concept suprême est uni-totalité (§ 60). En 1806, l'être est défini par l'auto-affirmation. Mais Dieu ne peut se poser sans se révéler, et cela, par la différence, car il se connaît comme unité, c'est-à-dire, comme unité d'une totalité (§ 62) ; en tant qu'identique à soi, en tant qu'unité, il est immédiatement totalité (§ 37). Un aphorisme rapporte l'auto-affirmation à l'auto-connaissance : « L'absolu ne peut donc éternellement être énoncé que comme identité absolue et absolument indivisible du subjectif et de l'objectif, expression qui est égale à l'infinie auto-affirmation de Dieu, et la désigne » (§ 65). Il semble que l'auto-affirmation implique mieux l'altérité que l'auto-connaissance. En réalité, les deux notions se rejoignent dans une catégorie supérieure : l'auto-révélation. Schelling définit le lien, dans sa dissertation sur le *Rapport entre le réel et l'idéal dans la nature*, comme désir infini d'auto-révélation (II, p. 362). Comme cette dernière implique, outre l'auto-affirmation, une existence nouvelle c'est-à-dire plurale, quitte à être fortement réassumée par l'unité, Schelling poursuit, comme sous la dictée de Spinoza : « L'absolu n'est pas seulement un vouloir de soi-même, mais un vouloir de manière infinie, donc à toutes les formes, degrés et puissances de la réalité » (II, p. 362 ; cf. VII, p. 159), autrement dit, le monde. Le lien (nouveau nom de la forme) conjoint unité et totalité (II, p. 363) et exprime l'invincible besoin de se prodiguer comme être plural.

La flexion de l'auto-connaissance reprendra l'ascendant lorsqu'il s'agira, pour Schelling, de concevoir la révélation en termes de retour sur soi. Le lien divin est affirmatif dans la nature, mais ne se re-connaît que dans l'Un (II, p. 376), dans la reprise de soi en soi sans laquelle Dieu se perdrait dans la multiplicité. En l'homme, « le lien l'emporte sur le lié et retourne à son éternelle liberté » (II, p. 375). Dieu ne s'épuise pas, mais éternellement se reprend.

Tant que l'Identité domine sa spéculation, Schelling rejette, avec conséquence, toute sortie de l'Absolu, mais paradoxalement, revendique une rentrée en lui. Particulièrement caractéristique est le 79e *Aphorisme pour introduire à la philosophie de la nature* : « De même valeur — c'est-à-dire totalement contradictoire — est la représentation d'un *exitus* de l'Absolu hors de lui-même.

Si Dieu pouvait sortir de lui-même, il ne serait de ce fait plus Dieu, ni absolu. L'absoluité, l'infinie auto-affirmation, est bien plutôt l'éternel *reditus*, non certes comme action, mais comme *être* et subsister éternel de Dieu en soi-même ». On ajoutera : subsister plural et spirituel, car l'amour éternel exige de manière pressante que l'être pour soi advienne comme être avec autrui (VII, p. 174).

§ 4. L'Esprit de Dieu après *Philosophie et religion*

L'Esprit dans *Les Recherches sur la liberté humaine* (1809) désigne l'union du réel et de l'idéal qu'il se subordonne en une seule personnalité vivante (VII, p. 395, 404). L'Esprit éternel est Dieu, mais non encore révélé, non encore effectif, *existant actu*, ce qu'il sera en l'homme (VII, p. 364, cf. p. 456) en qui le lien des deux principes (le fond ipséique et l'entendement ou la volonté universelle) est dissociable, entraînant leur inversion par quoi le mal est configuré. Déjà la notion d'un esprit fini implique séparation d'avec Dieu puisque l'esprit comprend une ipséité propre unie à l'entendement (VII, p. 364). Au plan des doctrines philosophiques, la rupture a lieu avec la conception spinoziste d'une substance unique, car voici la créature inconcevable sans ipséité et désir propre. Mais tout éloignement du centre divin et tout sentir de soi propre déclinent l'esprit comme liberté humaine, susceptible donc d'instrumentaliser la volonté universelle au lieu de lui demeurer subordonnée. À l'esprit de l'amour qui cohère divinement s'oppose l'esprit du discord (VII, p. 365). Mais cela, selon la théodicée schellingienne, vise à la parfaite manifestation de Dieu comme amour car rien ne se révèle sinon dans son contraire (VII, p. 373), et l'Esprit lui-même n'est pas la réalité suprême puisqu'il n'est que l'esprit ou le souffle de l'amour (VII, p. 405). Plus tard, la philosophie de la mythologie tiendra les dieux pour des expressions, adorées par les païens, du fondement de Dieu entré en rébellion dans la conscience humaine (XII, p. 127-128).

Il appartient aux *Conférences de Stuttgart* (1810) de renouer avec la théorie des puissances dont Schelling va faire profiter les avancées décisives du *Traité sur la liberté de l'homme*, le titre en français que Schelling propose des *Recherches* dans sa lettre à Cousin de novembre 1828. Il s'emploie à comprendre la résolution de la dualité intradivine en termes de subordination de l'Être à l'Amour. AB, l'Être (image réelle comportant la matière première B et l'idéal A) est posé par l'idéal qui est donc A2, à savoir l'Esprit.

Dans la *Philosophie de la Révélation*, le plein développement de Dieu prend son départ dans la tautousie où tout est enfermé dans le Père (moment du sabellianisme), passe par l'hétérousie (moment d'un quasi arianisme où le Fils est posé hors du Père) pour se résoudre, avec l'Esprit, dans l'homousie (unité qui suppose la distinction) (XIV, p. 66-67), si bien qu'y correspond le dogme orthodoxe de la Trinité chrétienne, à ceci près que, retrouvant l'inspiration de Joachim de Flore (XIV, p. 298), Schelling place le moment de l'Esprit dans le futur. On retrouve cette dialectique dans l'histoire de l'Église puisqu'à l'Église de Pierre (fondement ou Père) succède par surmontement (qui ne va pas sans difficulté car le fondement ne se perçoit pas immédiatement comme tel et oppose une résistance car il veut être tout) celle de Paul (liberté de la réforme ou Fils) qui annonce celle de Jean (l'Esprit ou l'achèvement) où se réconcilient les principes catholique-pétrinien et protestant-paulinien[27], le deuxième perméant le premier. « Nous avons ici trois formes de l'être divin. Dieu est 1) B ou l'être aveugle, 2) celui qui nie cet être aveugle, 3) celui qui est posé comme Esprit. Toutefois, Dieu n'est aucune de ces formes *en particulier* ou exclusivement, abstraction faite des autres — Dieu est seulement l'actus traversant ces trois formes, l'unité indissoluble du procès qui traverse ces trois formes (...), la vie indissoluble dans ces trois formes » (X, p. 276). Il n'en reste pas moins que c'est en tant qu'Esprit, que Dieu est l'Uni-total (XII, p. 70). Notons que par sa nature d'esprit, Dieu se caractérise par la liberté de se manifester ou non (XII, p. 33). Le sens théologique n'oblitère pas le sens anthropologique : « La langue n'a pas d'autre mot, pour désigner la possession de soi, le demeurer-auprès-de-soi qui, dans l'acte, reste puissance, et dans l'être, reste puissance d'être, que celui d'*esprit* » (XII, p. 57 ; cf. XII, p. 89).

Conclusion

Que Dieu soit Esprit, Schelling l'enseigne en opposition à Spinoza. La spiritualité de Dieu garantit sa personnalité qui est plus que son unicité car le trait saillant de l'individualité divine, c'est la « connexion entre sa vie spirituelle la plus haute et une vie naturelle » (VIII, p. 259)[28]. Mais l'une et l'autre appellent comme leur accomplissement effectif le déploiement des esprits finis,

---

27. Sur ce dernier point, voir la discussion entre Schelling et Lamennais dans Xaxier Tilliette, *Schelling im Spiegel seiner Zeitgenossen*, I, Turin, 1974, p. 354.

28. Le vieux Schelling écrira : « Dieu est l'absolue unité de la nature et de la personnalité » (*Philosophische Entwürfe und Tagebücher, 1846*, Hamburg, Meiner, 1998, p. 46).

car la formule de *L'Exposition de la philosophie rationnelle pure* : « La personne cherche la personne » (XI, p. 566), où le premier terme désigne l'homme et le deuxième Dieu, possède une valeur universelle et doit donc également s'énoncer de Dieu en quête de l'homme, la liberté cherchant la liberté.

L'Esprit de Dieu dans *Philosophie et religion* s'avère le Fils livré au périple iliadodysséen. Voici transposée en Dieu, c'est-à-dire dans l'universum, le double mouvement (centrifuge et centripète) auquel est astreint l'esprit humain dans son intuition de soi (I, p. 368-369). Pour distinguer le Fils de l'Esprit, il faut alors avoir recours au dédoublement lucanien. Bloy eût agréé cette distribution, au moins dans sa généralité, lui qui identifie le fils aîné au Verbe et le cadet à « l'Amour créateur dont le souffle est vagabond »[29].

Si Schelling se rend coupable de divagations hétérodoxes dans la présentation de la Trinité, telle que j'en reconstitue le concept, la faute n'en revient pas au philosophe, mais au croyant. Le philosophe, lui, a rempli ses obligations en élaborant les vérités révélées en vérités rationnelles (cf. VII, p. 412), et cela dans de meilleures dispositions que maint théologien protestant au point que Hegel jugera bientôt que le concept de la Trinité trouve refuge dans la philosophie spéculative. Schelling n'a pas du moins aplati l'Esprit en communauté humaine, bien qu'il annonce et même fonde cette péripétie qui dominera la première partie du siècle.

---

29. *Le Salut par les Juifs*, in *Œuvres de Léon Bloy*, IX, Paris, Mercure de France, 1983, p. 54.

CHAPITRE II

LE PASSAGE DE LA PHILOSOPHIE PAR L'ABÎME

LE SYNDROME DANTESQUE DANS *PHILOSOPHIE ET RELIGION*

I

« Qui pense connaître le principe du bien sans celui du mal commet la plus grave de toutes les erreurs : en philosophie, comme dans le poème de Dante, c'est seulement par l'abîme que passe le chemin du Ciel » (VI, p. 43). On s'attend à la mention de l'Enfer. Mais c'est bien d'*Abgrund* qu'il est question dans cette sentence de *Philosophie et religion*, non pas celui qui précède la constitution divine, ni même ce chaos primordial que l'œuvre de la création devra informer non sans devoir reposer, dans une relative instabilité, sur son noyau refoulé et préservé. Cet abîme procède de la défection, à partir de l'Absolu, des idées, lesquelles sont les figures originaires. Abîme de néant, il n'est pas infernal au sens d'une irrémissible damnation, car les idées sont rapatriées, autonomes et apaisées.

Dans *Les Recherches sur la liberté humaine*, l'abîme le plus profond sera dit immanent à l'homme, ainsi d'ailleurs que le ciel le plus sublime (VII, p. 363). Mais *Philosophie et religion* ne s'occupe guère de décrire les horribles convulsions de l'être déchu dont les « abîmes du cœur » se manifestent dans le mal (VIII, p. 268). Il suffit, pour les leçons de Würzburg, que l'injuste soit châtié par le seul fait d'être rabaissé au niveau inférieur qui est exprimé en lui (VI, p. 547). L'opuscule de 1804 se contente d'enregistrer cette dualité d'aspects qui caractérise l'idée : d'être en soi-même et dans l'Absolu (VI, p. 45).

Pour lors, ce que la réfutation de la non-philosophie d'Eschenmayer[30] exige de Schelling, c'est la prise en compte du versant obscur comme tel. La translucidité du système de l'identité se doit d'intégrer un acte, la liberté, et une contre-épreuve de l'Absolu, l'abîme. À cet effet, Schelling convoque bien des éléments du néoplatonisme. Mais il s'est aussi souvenu de *La Divine comédie* qu'il a lue en 1802 et dont a traduit, avec Caroline Schlegel, deux passages, l'inscription sur la porte de l'Enfer (*Inf*, III, 1-9) et le deuxième chant du Paradis (X, p. 525-530)[31]. Dans une île déserte, il aurait pris Dante, outre la Bible, Shakespeare et Aristophane[32]. Un sonnet dédié au Florentin a été retrouvé dans le manuscrit de la *Philosophie de l'art* en conclusion de la partie consacrée à la *Divine Comédie* et que son auteur a publiée dans le *Kritisches Journal der Philosophie*. Le dernier vers en reproduit d'ailleurs une phrase (V, p. 162, ligne 9). Sans partager le moins du monde l'opinion de Barbey d'Aurevilly au sujet de Schelling (« un philosophe

30. Cf. *La Philosophie dans son passage à la non-philosophie*, Paris, Vrin, 2005. Le rapport de l'opuscule d'Eschenmayer à *Philosophie et religion* est magistralement étudié par la traductrice, Alexandra Roux.

31. Cf. Rudolf Haym, *Die Romantische Schule*, Berlin, 1870, p. 635.

32. Xavier Tilliette, *Schelling im Spiegel seiner Zeitgenossen*, II, Turin, Bottega d'Erasmo, 1981, p. 115.

allemand, poète lui-même, et même plus poète que philosophe »[33]), je voudrais faire un sort au poème.

À DANTE

Tu es tout d'abord descendu craintivement dans les profondeurs éternelles,
Au pays de la nuit, afin de contempler les lieux jamais vus
Où dormaient les antiques esprits.
Certes, ton cœur a tressailli à cette parole terrible :
Vous qui entrez ici, abandonnez toute espérance.
Mais tu as continué d'avancer ; tu as passé la porte de l'horreur.
Puis, au travers de l'étreinte de l'Enfer et de la damnation
Des âmes et des visions effroyables,
Tu as forcé toi-même, en quête de la victoire suprême,
Non par le portique des tribunaux des dieux,
Qui est éternel et que nul n'a vaincu,
Mais par le cœur de la terre à la lumière éternelle[34].

Quoique la nécessité de devoir transiter par la vision terrible avant de pouvoir admirer la limpidité divine ne soit pas soulignée, elle se laisse déduire de la mention de la victoire laquelle implique surmontement, et partant la possibilité d'une défaite, qui signifie proprement la damnation de Dante à la fois comme porte-étendard de l'humanité dont l'être abyssal s'étale sous les yeux et comme être singulier que menace de dévoration la louve au milieu du chemin de la vie.

---

33. *Œuvres critiques* I, Paris, Les Belles Lettres, 2004, p. 777.
34. X, p. 441. Traduction Elisabeth Monamy.

Bien que Schelling ne thématise le concept de surmontement qu'à partir des *Recherches*, la *Philosophie de l'art*, d'assez peu antérieure à *Philosophie et religion*, n'ignore pas le refoulement du monstrueux et de l'informe au titre de « fond premier de l'existence » (V, p. 394). Mais ce n'est pas de ce chaos que le Dante schellingien se rend maître, ni même du monde païen. Dikè siège donc en dépit du christianisme, non certes comme rayonne sombrement une déesse détrônée qui a trouvé refuge dans l'antre lascive du Venusberg, mais bien en sa puissance intouchée. Est-il donc une autre justice que celle du Dieu trine qui bâtit la porte de l'Enfer (cf. *Inf*, III, 4) ? Que l'antique Moïra officie encore, rendant des jugements aussi implacables qu'arbitraires, comme aux temps homériques, voici ce que la *Philosophie de l'art* ne saurait admettre dont la perspective historique, soutenant l'idée d'une succession irréversible des époques, professe que l'apparition du Christ a mis un terme définitif au monde des dieux (V, p. 432). C'est ainsi que la Némésis shakespearienne obéit à d'autres lois que la grecque (V, p. 722). Et si un destin exerce son emprise dans *La Dévotion à la croix* de Caldéron, il porte le stigmate de la Grâce (V, p. 729). Et pour revenir à Dante, par cela même que l'Amour souverain et la Sagesse suprême s'ajoutent à la Toute-puissance pour édifier la Cité dolente, on peut tenir pour assuré que l'on n'y est pas précipité au mépris de l'équité. C'est en effet par la reconnaissance d'une Providence œuvrant dans le monde que l'on s'élève à la connaissance de l'Absolu comme Dieu (cf. VI, p. 53).

Quel abîme est donc surmonté ? Celui du mal dont le Florentin ne craint pas de décrire les mystères. Il y a entre *La Divine comédie* et *Philosophie et religion* ce rapport imprévu que l'Enfer dantesque, tel du moins que le perçoit Schelling, est, à l'instar du monde sensible déployé par la chute, le lieu de l'individualité décidée, assouvie jusqu'à l'ivresse. Schelling fait remarquer que les figures chez Dante sont « fortes, énergiques et hautaines » (V, p. 530). On est en droit de soupçonner qu'allusion est faite en priorité aux damnés. Ce que confirme l'appréciation, suivant laquelle l'*Inferno* est la partie la plus poétique ou plastique, le *Paradiso* la plus musicale, car les figures s'y font disparaissantes. En revanche, l'Enfer est avant tout le « royaume des formes » (V, p. 161-162), doté qu'il est de « l'expression la plus puissante » (V, p. 160). L'essai *Philosophie et religion* a beau définir l'effectivité par la nullité, la phénoménalité cosmique ne désigne pas moins le lieu spatio-temporel de la multiplicité déterminée et de la déclaration des identités, ce lieu où les âmes produisent leurs corps respectifs (VI, p. 60). Ici et là des ombres qu'elles soient faites de vapeurs comme les navigateurs sur les ondes stygiennes et les familiers du Purgatoire (*Prg,* XXV, 91-101) ou de la phénoménalité de l'être relatif[35], mais combien vivaces par la volonté dont elles portent le vestige ou le prestige ! N'oublions pas qu'« il n'y a de vie que dans le particulier » (V, p. 393).

En présentant Dante comme le créateur de la poésie moderne, Schelling n'avait d'ailleurs fait qu'anticiper le mouvement général de *Philosophie et religion*. Alors que dans la poésie antique, l'universel était le particulier, la race jouant le rôle de l'individu, désormais le point de départ est dévolu au particulier à qui il revient de devenir l'universel. Cela implique, dans un premier moment, le primat de l'individualité avec ses changements et métamorphoses, et dans un deuxième, la nécessité que « l'individu, grâce à la plus haute spécificité (*Eigentümlichkeit*) reprenne rang d'exemplarité [ou : valeur universelle] (*Allgemeingültig*), et redevienne absolu

35. Schelling use, en ce contexte, de la métaphore de l'ombre (VI, p. 197).

moyennant sa parfaite particularité. C'est justement par cet incomparable caractère d'individualité manifesté dans son poème que Dante est le créateur de l'art moderne » (V, p. 154). Or ce rapatriement dans l'absoluité, par la médiation de la particularité affirmée, fonde la théorie de la moralité dans *Philosophie et religion*. L'égoïté, le point extrême de l'éloignement de Dieu, est aussi le moment du rapatriement (VI, p. 42) à travers la reconstitution du monde originel dans le monde déchu (VI, p. 43). Inlassablement les êtres, absous de leur unilatéralité, reforment l'organisme.

La science, information de l'infini dans l'âme (VI, p. 51), constitue une récapitulation de la totalité des idées dont elle s'est en quelque sorte scindée lors de sa chute particularisante. Le savoir absolu réconcilie les idées entre elles et restaure l'entendement en raison, par quoi l'âme rejoint l'unité originelle (VI, p. 42, 51). « La philosophie est notre renaissance au Tout, par quoi nous prenons part derechef à l'intuition de ce même Tout et des archétypes éternels des choses » (VI, p. 552). Or qu'est-ce que la *Divine Comédie* sinon cette convergence d'un savoir totalisé et d'une remontée ? À mesure de l'ascension de ciel en ciel, les idées imprègnent l'intellect de Dante, comme l'attestent les vers suivants qui avaient particulièrement retenu l'attention du philosophe puisqu'il s'était essayé à les traduire :

« Ainsi ton intellect reste nu,
Mais je veux l'informer (*informar*) de lumière si vive
Que son aspect te fera resplendir » (*Par*, II, 109-111).

Bien que possédant encore un corps matériel, le poète participe, à tout le moins par son intellect, à l'existence béatifique toute de lumière. En termes schellingiens, la réadmission de la finitude dans l'infinité assure simultanément le passage de l'infini dans le fini (VI, p. 55-56). Ce qui est dit de l'ange, dans le *Banquet*, se peut de l'esprit parfaitement illuminé : connaissant Dieu il connaît toutes choses (*Conv*, III, VI). Il est révélé à l'homme :

« Dieu voit tout, et ta vue entre en Lui » (*Par*, IX, 73).

Or toute chose est peinte en Dieu (*Par*, XXIV, 42). Qui fixe donc son regard en Lui est omnivoyant.

L'inverse, pour Schelling, est certain : qui appréhende rationnellement l'univers le construit comme miroir de Dieu. Dante admettait que les philosophes avaient réussi à totaliser le savoir humain (*La Monarchie*, III, XV). Béatrice, dont les beaux yeux voient toutes choses (*Inf*, X, 131), peut alors extrapoler :

« Toutes choses
Ont ordre entre elles ; c'est la forme
Qui fait à Dieu l'univers ressemblant » (*Par,* I, 103-105).

Pas plus que les errances de l'âme ne sont pour autant achevées, ses affres ne sont vaincues. La séparation, comme « péché originel » (VI, p. 43), dessine l'immense sphère de la chute et de la palingénésie. Ce qui correspond, chez Dante, au monde sensible de Schelling, ce sont à la fois l'Enfer et le Purgatoire noués dialectiquement. C'est en effet la vie et l'histoire que Schelling conçoit comme catharsis, passage vers un état absolu, dans son essai sur Dante (V, p. 158). La palingénésie fait pour ainsi dire office, dans *Philosophie et religion,* de purgatoire : « L'ipséité produisant elle-même le corps, chaque âme, dans la mesure où, grevée de celle-là, abandonne l'état actuel, se contemple à nouveau dans le simulacre et détermine elle-même le lieu de sa palingénésie : soit qu'elle aille commencer une deuxième vie, moins assujettie à la matière, dans les sphères supérieures et sur des astres meilleurs, soit qu'elle se voie repousser plus loin dans un lieu encore plus profond (*tiefere Orte*) » (VI, p. 62-63). Une damnation définitive n'est pas à l'ordre du jour, car l'abîme ne saurait passer pour une demeure finale, et toujours Perséphone, figure mobilisée par *Philosophie et religion* (VI, p. 39), regagne la familiarité des Olympiens. Tandis que la phase purgatoriale scande les étapes ascensionnelles de la réintégration, la condition infernale signifie une chute aggravée. En effet, le savoir absolu ne suffit pas à assurer le salut et il peut même contribuer à provoquer une régression. Certes par la raison, l'âme égale l'unité originelle. Mais ce faisant, elle acquiert la liberté de se recroqueviller sur soi ou de demeurer tout à fait dans l'Absolu. Dans ce cas, restauration ; dans l'autre, rechute (VI, p. 51-52). Il est donc possible de retomber du Purgatoire dans l'Érèbe. Or cela qui n'est pas concédé aux personnages de Dante à qui seule est frayée la voie conduisant du Purgatoire au Paradis, il est bien entendu qu'un individu au moins en assume la polyvalente dynamique, Dante lui-même que Béatrice a entrepris de sauver en lui montrant la race perdue (*Prg*, I, 64). Non seulement les destins qui ont parlé pour les autres, n'ont pas prononcé sur lui tel verdict irrévocable, mais aussi il reprend, au long de son périple, possession de soi dans la volonté plénière. « Il va cherchant liberté » (*Prg*, I, 71), laquelle ne saurait être soumise au décret des constellations (*Prg*, XVI, 67-72) et consiste en pouvoir d'inclinations opposées (*Par*, I, 131-132). Au chant XXVII du *Purgatoire* (140-141), le pèlerin est assez avancé dans la restauration pour qu'il soit déclaré de jugement libre, droit et sain, si bien qu'en cette souveraineté recouvrée, ne pas suivre la raison serait faute. Or le meilleur exercice qu'on pourrait faire de sa liberté, le plus grand don de Dieu, consiste à la Lui sacrifier (*Par*, V, 19-30). Mais que Dante reste peccable, cela le Poème doit l'admettre (*Prg*, XXXI, 45) en dépit des illuminations.

Stevens disait que les grands poèmes de l'Enfer et du Ciel ayant été écrits, restait celui de la Terre. N'aurait-il pas lu Blake confiant que l'inspiratrice fut « déesse Nature et non le Saint-Esprit » ? Et c'est à tous les siècles que le Poème tend son miroir. Schelling n'eût donc pas accordé sa confirmation qui considère que le poème de l'Enfer tire sa substance de notre monde. Le philosophe cite (V, p. 161) en effet Dante déclarant que le Ciel et la Terre lui ont fourni les couleurs du Poème sacré (Par, XXV, 2)[36]. De la Terre splendide il faut une philosophie spéciale qui en exhibe le cœur infernal ou, dira plutôt Schelling, le caractère de ruine (VI, p. 49).

Le Paradis possède son pendant schellingien dans « le monde intellectuel » (VI, p. 63). On n'y trouve plus d'ombres, seulement des lumières. Que signifie alors l'estompement des figures qui le composent ? Le philosophe ne pense évidemment pas à faire assumer par Dante une édulcoration de la thèse théologique de l'immortalité de l'âme sous une forme individuée. Il sait fort bien que dans la Rose céleste les bienheureux occupent des places selon leurs conditions respectives, mérites de leur part, grâces inégales de la part du Créateur. Ce qu'il a en vue, c'est évidemment le fait que les flamboiements que sont devenues les âmes ne peuvent exhiber les traits du visage et que la tentative d'en pénétrer le noyau foudroierait le visionnaire. À quoi s'ajoute un motif existentiel : le monotropisme de l'existence paradisiaque. Par l'orientation totale de la Rose en direction de Dieu en la vision de qui les créatures trouvent

36. Voir aussi Schopenhauer, *Le Monde comme volonté et comme représentation*, § 59.

leur quiétude (*Par*, XXX, 102), se trouve consacrée l'union des volontés à leur Principe dont le résultat est l'uniformation des élus, une image bénie animée de nombreux vouloirs (*Par*, XIX, 95). Ce monotropisme n'exclut évidemment pas l'autonomie des idées qui ont fait retour, point d'orgue de *Philosophie et religion*, puisque, proclame Dante (*Par*, III, 88-89), cité par Schelling (V, p. 162) :

« Tout lieu au Ciel est paradis ».

II

Pour Schelling, seul le pèlerinage de Dante mérite d'être équiparé à la philosophie dans ses deux versants.

Grâce à la séparation des idées et des concepts de la finitude et avec la notion d'une auto-affirmation du Moi qui est parturition de soi (et par là séparation d'avec l'Absolu et position de finitude), le moment fichtéen de la philosophie, celui de l'entendement qui disloque, est célébré comme « philosophie négative » que Schelling juge indispensable et crédite de courage, par contraste avec la non-philosophie d'Eschenmayer qui recule d'effroi devant la scission. Le mérite du criticisme est d'avoir séparé les royaumes du néant (le phénoménal) et de la réalité (l'unique positif) (VI, p. 43). L'*Anti-Fichte* pensera même à une rédemption de l'entendement par la philosophie dès lors qu'il servira docilement la raison (VII, p. 42). La traduction morale de l'auto-constitution du Moi, qui est solipsisme transcendantal, n'est pas l'abolition de l'infinité, mais sa subordination à la finitude (VI, p. 52). La séparation implique athéisme de sorte qu'il y a comme un balancement entre l'autoposition de Dieu qui, s'affirmant comme réalité infinie, nie le néant et l'autoposition du Moi qui déploie le néant phénoménologique.

Parallèlement à Plotin pour qui l'intelligence qui entend se plonger dans la connaissance du mal, à savoir d'une matière informe, doit abandonner sa lumière propre pour descendre auprès de son contraire[37], Schelling avance la notion de philosophie négative appelée à explorer la phénoménalité. Il s'est sans doute souvenu du *savoir négatif* (V, p 269) dont il faisait obligation à la philosophie de se doter, comme d'un pendant nécessaire à l'intuition positive de l'absoluité, afin de récuser le point de vue du relatif et de l'empirique. La nécessité de passer par l'instance du négatif se retrouvera d'ailleurs à l'orée de son cours de 1827 sur le *Système des Âges du monde*[38].

Voici comment se laisse traduire l'inscription qui orne la porte de l'Enfer dans les termes schellingiens de la science préparatoire : la frontière qui sépare le royaume de la réalité (ou positif) de celui du néant doit être nettement délimitée. Seulement après ce tracé, il revient à la philosophie de s'adonner, dans sa flexion négative, à l'enquête réflexive, celle qui porte sur ce qui agit, à savoir la personne. Ce faisant, elle dégage de l'abîme des pépites de lumière : « Il faut cette séparation pour que le négatif puisse recommencer à rayonner » (VI, p. 43).

Le lecteur averti observe dans la *Divine comédie* un passage de la foi au savoir. Ce qui n'est donné qu'au bienheureux, Dante en a connaissance dans une suite d'extases, et dans l'ultime, celle qui met un terme au Poème, il saisit l'union du fini et de l'infini. Comment se

---

37. *Ennéades*, I, 8, 9.

38. La notion connaîtra un destin majeur dans la dernière philosophie et une détermination que ne laissait pas prévoir la mention passagère dans *Philosophie et religion*. Ce qui, du point de vue de l'écrit de 1804, prépare cette orientation, est le fait que le phénoménal est soumis à la stricte nécessité finie.

fait-il que Siger de Brabant se retrouve au Paradis bien qu'averroïste et objet de condamnation ? (*Par*, X, 133-138). Tout simplement parce qu'il représente le point de vue de l'intuition intellectuelle. Les vérités fécondes sont à prendre du sein de Dieu même, disait le Siger balzacien inspiré par la présence de Dante[39]. On se rappelle que le poète florentin connut une période d'enthousiasme philosophique qui lui fit oublier tout le reste (cf. *Conv*, II, XV). Mais l'intuition intellectuelle doit pouvoir s'allier à l'entendement qui entend saisir le rayonnement ténébreux et pour cela ne craindre, à l'instar de Béatrice, de laisser en Enfer trace de son passage (cf. *Par*, XXXI, 81).

III

Les *Leçons d'Erlangen* recommanderont au philosophe de franchir le Seuil terrible, au bénéfice, cette fois-ci, du savoir indocte. « L'inscription que Dante place à la porte de l'Enfer devrait être inscrite également, mais en un autre sens, aux abords de la philosophie : "Vous qui entrez ici, quittez toute espérance". Qui veut véritablement philosopher doit être quitte de toute espérance, de toute exigence et de tout désir... » (IX, p. 218). L'artiste ne doit pas moins : « De même que toute la création est une œuvre de la suprême aliénation, de même l'artiste doit d'abord se nier lui-même et condescendre à l'individualité sans craindre l'isolement, la douleur, ni même le tourment de la forme » (VII, p. 304).

39. *Les Proscrits*, in *La Comédie humaine*, XI, Paris, Pléiade, 1980, p. 543.

CHAPITRE III

ANGOISSE ET CHUTE SELON SCHELLING ET KIERKEGAARD

Kierkegaard a suivi les cours de Schelling à Berlin de novembre 1841 au 3 février 1842 et leur porta un intérêt qui ne sera pas stérile. Saisi d'enthousiasme lorsqu'il entendit le professeur prononcer le mot de « réalité »[40], il se trouva progressivement déçu, et abandonna la partie avant l'exposé de la section consacrée au christianisme, soit au beau milieu du résumé de la philosophie de la mythologie, correspondant à la leçon 19 de la *Philosophie de la révélation* telle que son auteur la prépara pour l'édition. La déception de Kierkegaard ne fut pas seulement à proportion de son attente curieuse, mais à la mesure de son besoin. J'entends qu'il ne cherchait pas chez le vieux professeur à découvrir une nouvelle philosophie, mais à assurer une base pour la sienne. Dès lors qu'elle lui fut fournie, il n'eut plus cure du reste.

Le présent chapitre se propose de comparer un passage des *Recherches sur la liberté* de Schelling avec le *Concept d'angoisse* de Kierkegaard. La comparaison proprement dite, qui porte sur l'angoisse subjective, est précédée d'une évaluation de l'influence de Schelling,

40. *Papirer*, III A 179.

directe ou indirecte, sur le concept kierkegaardien d'angoisse objective. Le choix du *Concept d'angoisse* n'est pas fortuit. Outre que c'est l'ouvrage qui cite Schelling le plus volontiers, il en porte manifestement la marque.

Kierkegaard signale en note la distinction schellingienne entre la philosophie négative et la philosophie positive lorsqu'il propose de nommer philosophie seconde celle dont l'essence est la transcendance et la répétition (et non plus la réminiscence), par opposition à la philosophie première à laquelle serait dévolue la tâche d'exposer la science en sa totalité. Par cela que la philosophie seconde de l'un, à l'instar de la philosophie négative de l'autre, considère primordialement la réalité[41]. Quand on sait la désillusion qui bientôt fondit sur Kierkegaard, on peut se demander si dans le texte évasif de la note ne s'est insérée quelque pointe ironique : « Par philosophie négative, il entendait naturellement la logique, mais je saisis moins bien ce qu'il comprenait par philosophie positive, si ce n'est dans la mesure où il apparut nettement que c'était celle qu'il voulait lui-même donner. Mais il est inutile d'approfondir, je n'ai pas à m'en tenir à d'autres conceptions que la mienne » (CA, p. 123). L'identification pure et simple de la philosophie négative à la logique fait évidemment problème. La vérité est que la logique (qualifions-là quand même de *supérieure*) relève bel et bien de la philosophie négative. L'expression de *Philosophie logique* (contredistinguée de celle de *philosophie historique*) est d'ailleurs programmatiquement utilisé à Munich en ce sens[42]. Mais déjà le secteur du négatif déborde la seule

41. *Papirer*, III A 179.

42. *System der Weltalter*, Frankfurt am Main, Klostermann, 1998, p. 14.

consécution nécessaire des concepts puisqu'il comporte celle des représentations qui n'est pas moins involontaire (à savoir le processus mythologique[43], nettement dissocié, à cet égard, de la Révélation qui présuppose un acte extérieur à la conscience[44]). En outre, Schelling se propose d'apporter une contribution personnelle à son déploiement.

Kierkegaard ne se prononce pas sur l'enrôlement du Traité dans telle ou telle modalité du philosophique, voire sur leur entremêlement irréfléchi. Comme il semble ne pas identifier la dimension négative assumée par Schelling en sa dernière philosophie (je ne fais évidemment pas allusion à la seule *Philosophie rationnelle pure* qu'il ne pouvait connaître), il est fort à parier que le Traité est mis par lui sur le compte de la philosophie positive[45]. Et de fait, il convoque à lui au moment de disqualifier la position de la possibilité en réalité de par un mouvement immanent à la pensée. À la philosophie de la liberté de Schelling il reconnaît le mérite d'avoir voulu faire intervenir le mouvement réel (OC[46] 5, p. 220-221), encore qu'il puisse lui reprocher de continuer à « construire » le passé sous couvert de « manifestation » (OC 7, p. 74). Ajoutons que son affirmation que le péché se postule lui-même comme liberté convient mal au propos des *Recherches*.

Ce n'est pas l'idiosyncrasie schellingienne qui entre dans les préoccupations de Kierkegaard, mais l'affirmation de sa propre originalité là où germe le soupçon d'une

43. Cf. XIII, p. 377, 380. Kierkegaard l'avait bien noté (Anton Koktanek, *Schellings Seinslehre und Kierkegaard*, Oldenbourg, Münich, 1962, p. 168).
44. XIV, p. 3.
45. Pour sa part, Schelling aura progressivement tendance à le refouler dans la philosophie négative (cf. Xavier Tilliette, *Schelling*, II, Paris, Vrin, 1971, p. 353).
46. Kierkegaard, *Œuvres complètes*, tr. Tisseau, Paris, Orante, 1984-1986.

filiation sans que nécessairement il se soit rendu aux arguments du vieux maître. C'est ce dernier point qui retiendra mon attention. Mon choix s'est porté sur *Le Concept d'angoisse* pour ce qu'il est le plus schellingien des ouvrages de Kierkegaard. Si cette formule choque (comme si du Kierkegaard pouvait être du Schelling), je suis prêt à la renverser, car je vais tenter de montrer que, sauf pour ce qui regarde la critique du panlogisme hégélien incapable de parvenir à la réalité[47] et l'idée de la précédence sur l'essence de l'existence comme *éternel prius* (OC 7, p. 38-39) qui ont puisé des inspirations dans l'Introduction de Berlin, l'écrit de 1809 est le plus kierkegardien des ouvrages de Schelling.

§ 1. L'Angoisse objective

Kierkegaard possédait *Les Recherches sur la liberté humaine* dans sa première édition des *Philosophische Schriften* de 1809 et les avait sans doute lues au moment de suivre l'enseignement du vieux professeur[48]. Il les mentionne dans ses brouillons (*Papirer* IV B 118) et en fait usage dans le *Concept d'angoisse*. Une allusion ne fait pas de doute sur la corporisation (CA[49], p. 232 ; TL[50], p. 387), une autre est probable sur l'égoïté dans la nature (CA, p. 178 ; TL, p. 351).

Kierkegaard cite également Schelling au sujet de l'angoisse dite objective, soit celle qui, par la faute de

47. « Dans un système, il est assez facile de dire que la possibilité se transforme en réalité » (CA, p. 151; cf. aussi p. 112, 118, 182).

48. Le catalogue de la bibliothèque de Kierkegaard comporte également *Les Leçons sur la méthode des études académiques* dans la réédition de 1830.

49. *Le Concept d'angoisse*, in OC 7.

50. *Recherches sur l'essence de la liberté humaine*.

l'homme, s'est déclarée dans le monde, la nature comprise. Il s'inspire ici de saint Paul : « La création en attente aspire à la révélation des fils de Dieu : si elle fut assujettie à la vanité, non qu'elle l'eût voulu, mais à cause de celui qui l'y a soumise, – c'est avec l'espérance d'être elle aussi libérée de la servitude de la corruption pour entrer dans la liberté de la gloire des enfants de Dieu. Nous le savons en effet, toute la création jusqu'à ce jour gémit en travail d'enfantement » (Rom 8:19-22). Kierkegaard se contente de citer en grec le début du texte de Paul : « αποκαραδοξια της κτισεως » qu'on peut rendre par « anxieuse ou impatiente attente » (littéralement : en tendant la tête pour épier) pour marquer le correspondant de l'angoisse qui est ici désir d'affranchissement et attente d'un salut qui viendra par un autre (CA, p. 160)[51]. Il aura pu lire dans les *Fermenta Cognitionis* de Baader (IV, § 5), qu'il possédait, que de même que l'homme, en devenant terrestre, est devenu ce qu'il ne devait pas être, la terre, par la faute de l'homme, est devenue ce qu'elle ne devait pas être.

Cette angoisse de la nature, on peut dire que le Danois se contente de la signaler sans l'analyser puisqu'il rattache tout le problème à la dogmatique[52]. En tout état de cause, cette thèse particulière n'interfère avec l'ensemble de l'ouvrage que sur un seul point : le sensible, car c'est par le sensible en l'homme (l'une des thèses de la synthèse qui accuse par suite du péché une opposition plus marquée qu'auparavant) (CA, p. 160) que la réalité sensible est devenue peccabilité (CA, p. 160).

51. L'angoisse n'est au fond rien d'autre qu'impatience (*Papirer*, X 2 A, 384).

52. L'angoisse objective est vite oubliée par Kierkegaard qui soutient qu'à proprement parler l'animal ne meurt pas (CA, p. 191).

C'est à ce moment que Kierkegaard fait intervenir Schelling, évoquant dans le texte ses disciples (et mentionnant leurs noms dans le brouillon : Schubert, Eschenmayer, Görres, Steffens)[53] qui ont mis en relief l'altération subie par la création suite au péché et l'angoisse dans la nature. C'est dans une note de l'ouvrage qu'il signale que le maître « parle assez souvent d'angoisse, de colère, de tourment, de souffrance » (CA, p. 161n). Et il demande qu'on prenne garde à ceci que Schelling attribue ces sentiments tant à la nature déchue qu'aux états d'âme de Dieu lors du processus de révélation et de création. Le brouillon ajoute : « Jacob Boehme, Schelling, "Angoisse, colère, faim souffrance". Ces choses doivent être envisagées avec précaution ; tantôt c'est la conséquence du péché, tantôt le négatif en Dieu – *to hétéron.* » En marge de la mention du nom de Schelling, Kierkegaard ajoute : « Même la mélancolie, dans son *Traité sur la liberté*, cité dans Rosenkranz dans son dernier livre, p. 309 ». Il s'agit du *Schelling* publié à Danzig en 1843 et constitué de la matière d'un cours délivré à Königsberg en été 1842. La page 309 porte en effet sur le désordre produit par le mal, la « *Quelle des Traurigkeit* » qui gît en Dieu et la « *geheime Melancholie* » qui recouvre toutes les œuvres de la nature. Kierkegaard constate une « ambiguïté » dans le discours de Schelling : « Il parle en effet d'une mélancolie répandue sur la nature et en même temps d'une mélancolie de la divinité. Pourtant, sa pensée maîtresse est que l'angoisse, etc., désigne éminemment les souffrances de la divinité pour arriver à créer » (CA, p. 161n).

L'emporte, au gré de Kierkegaard, le pathos de l'angoisse divine chez Schelling. Il précise enfin qu'il ne récuse pas l'anthropomorphisme, mais la confusion de la

53. *Papirer*, V B 53, 18.

dogmatique et de la métaphysique (CA, p. 161)[52]. On ne surprendra pas Kierkegaard à vaticiner avec impudence sur la théogonie et les affres de Dieu avant la création. Qu'il y ait dans l'entendement divin un système, comme l'affirme Schelling à l'orée des *Recherches*, cela Kierkegaard l'admettrait volontiers, mais il n'accepterait pas que l'homme puisse y accéder : « La réalité, l'existence même est un système — pour Dieu, mais elle ne peut l'être pour un esprit existant » (OC 10, p. 112). Et dans ce cas, il n'y a pas moyen de savoir quelle place le système ménage à l'angoisse en la multiplicité de ses figures en sorte qu'il n'y a pas pour elle de limite ou d'encadrement possible. Rien de rationnel en tout cas qui la puisse juguler. Il est clair toutefois que, pour Schelling, ménager une place à l'angoisse de la vie dans un système, cela n'est pensable que dans un système de la liberté. Kierkegaard pourrait à la limite reprendre à son compte la distinction que Schelling introduit entre le système pris en bonne part et le système pris en mauvaise part, sauf qu'il en intervertirait les termes. Alors que, pour Schelling, bon est celui qui relie le tout harmoniquement et mauvais celui qui provoque le blocage[53], Kierkegaard préfèrerait le second qui ménagerait non seulement des possibilités de saut, mais aussi de l'infranchissable.

On est en droit de se demander si Kierkegaard avait besoin de découvrir cette dimension de la souffrance divine dans *Les Recherches*. Ne pouvait-il y avoir été sensible comme auditeur ? Alors que la notion d'une angoisse de la nature est bel et bien maintenue à Berlin où il est question d'une chute de l'être (XIII, p. 373) et d'une attente anxieuse (*ängstliches*) du Sauveur (XIII, p. 363),

---

52. Kierkegaard cite la critique de Marheineke. La querelle remonte à Eschenmayer.
53. *System der Weltalter*, p. 19-20.

il n'est pas question à proprement parler d'une douleur de Dieu lors du processus de révélation et de création, mais seulement de la souffrance du Fils après la chute, c'est-à-dire dans la série des événements initiée par l'homme qui a ravivé ou actualisé en lui la première puissance. La matière des *Âges du monde* qui a été préservée dans la *Philosophie de la révélation* voit sa pointe pathétique fortement émoussée. En effet, le mouvement rotatif de la vie divine, ressenti comme malheureux (XIII, p. 273), est aussitôt supplanté par le mouvement rectiligne qui fixe les figures. Par contre, le Traité ne recule pas devant l'expression de souffrance divine (TL, p. 403).

Or, chez le philosophe allemand, nous rencontrons, outre l'angoisse de la nature (et dans ce cas : celle qui lui est propre et celle qui lui vient du péché), l'angoisse humaine, et cela dans des termes voisins de ceux de Kierkegaard. Par le péché, l'homme disloque la nature (TL, p. 365) ; lui seul est à même de la rédimer (TL, p. 411) en jouant un rôle de médiateur qui laisse à Dieu le soin de l'assumer (TL, p. 411). L'accent est déplacé du Christ à l'humanité, comme on le voit également chez Edith Stein dans son beau traité *De la Personne*, mais non chez Kierkegaard.

Le dialogue *Clara*, composé d'ailleurs par une âme endeuillée, insiste sur la mélancolie de la nature (IX, p. 29) qui cherche à se venger de l'homme (IX, p. 34-35) et aspire à la libération (IX, p. 30). La nature assujettie à la vanité est en effet profondément troublée par la mort : « C'est par cela même que rien ne dure, par cette nécessité immanente selon laquelle tout est finalement anéanti, et qui est d'autant plus horrible qu'elle se fait peu sentir, que se déclare le plus angoissant dans la nature. D'où vient cette puissance universelle et incessante de la mort ? » (IX, p. 30). Il est à noter que l'angoisse de la mort est à peine prise en compte par Kierkegaard (CA, p. 191n).

Les *Conférences de Stuttgart* s'appuient même sur l'angoisse objective pour prouver la chute. Les mots dont il est fait usage dans le contexte sont : « inquiétude » (non-repos) (*Unruhe*) (VII, p. 459) et « mélancolie » (VII, p. 466). La nature entière est maintenant livrée à l'antagonisme du bien du mal (VII, p. 474) et sera libérée lors de la crise finale. En attendant, l'homme demeure ici-bas une « victime de la nature, tout de même qu'elle en fut une par lui » (VII, p. 482). Dans *Clara*, les tremblements de terre et le hasard qui semble avoir présidé à l'organisation actuelle de l'univers trahissent la chute, « une vie qui a sombré » (IX, p. 33) par la faute de l'homme (IX, p. 32). Baader va jusqu'à dire que l'homme a tué la nature[54].

Toutefois, la nature contient en elle-même, indépendamment du péché de l'homme, un principe de tristesse et de mélancolie pour n'être pas la cause d'elle-même (TL, p. 399), ainsi qu'un principe de désordre qui lui vient du fond, ce qui a été exclu de Dieu sans cesser d'être sien. C'est que le chaos ne cesse de gésir dans les profondeurs de l'être manifesté (TL, p. 378 ; cf. p. 374). La création n'a fait qu'en ordonner les rejetons (TL, p. 403) non sans que l'irrégularité, toujours sous-jacente (dont l'idée accompagnera Schelling jusqu'à sa toute dernière élaboration philosophique[55]), ne puisse à nouveau percer (TL, p. 359) par l'effet du mal — tant par le

54. *Sur la notion de temps*, in *Sämtliche Werke*, Leipzig, 1851-1860, II, p. 56.

55. « Le phénomène contient lui-même des signes qu'au fond de tout être gît quelque chose qui ne connaît pas de limites, qui répugne à la forme et à la règle. Cet être sans pouvoir sur lui-même, qui ne peut donc être véritablement pour soi, sera cependant le fond et le commencement de tout devenir et, selon une expression aristotélicienne, la cause première, c'est-à-dire matérielle de tout ce qui naît » (XI, p. 388).

truchement de l'homme même, comme on l'a vu, que par une réaction divine puisque le châtiment du pécheur consistera en l'embrasement de l'éclair de vie en lui enclos. Or cet éclair n'est autre que l'essence divine retenue dans le fond (TL, p. 361, 363). Cette essence est terrible et n'est tempérée que par l'existence (TL, p. 391) : « Dieu lui-même voile ce principe dans la créature et le recouvre d'amour, en en faisant le fond et pour ainsi dire le support des êtres. Mais pour celui qui le provoque, en mésusant de sa volonté propre érigée en ipséité, pour celui-là et contre lui, il devient actuel » (TL, p. 391). L'éclair de vie « devient pour le pécheur feu dévorant » (TL, p. 391). L'allusion est transparente à la formule de l'Épître aux Hébreux (Hb 12:29) reprise du Deutéronome (Dt 4: 24) : « Mon Dieu est un feu dévorant »[56].

Le texte glisse de l'angoisse naturelle antélapsaire au caractère terrible de Dieu dont *La Philosophie de la révélation* a retenu un aspect correspondant aux kratophanies bibliques (cf. XIII, p. 305). Une angoisse de l'homme devant le châtiment peut également être supposée. Mais laissons provisoirement l'homme de côté.

S'il n'est pas question, dans le *Traité*, d'une angoisse divine proprement dite, son aire est aménagée par plusieurs tonalités affectives : Dieu est désir, vie et passion. Schelling ne recule pas devant la considération de la souffrance et du devenir de Dieu (TL, p. 403) et détecte aussi une source de tristesse en Dieu dans le fait pour lui aussi d'être fondé, mais cette tristesse ne s'actualise jamais. Elle procure à Dieu la joie du surmontement (TL, p. 399).

---

56. D'ailleurs, l'expression « *verzehrend Feuer* » qui réapparaît dans les *Conférences de Stuttgart* (VII, p. 448) provient de la Bible de Luther.

C'est dans les *Âges du monde* que l'angoisse étend sa domination sur Dieu et toute la nature. Schelling a recours ici à une spéculation narrative de l'auto-engendrement de Dieu dont l'essence est ignée. Selon Schelling, la formule « Dieu est esprit » offre la traduction néotestamentaire de l'ancienne : « Dieu est feu » (WA[57], p. 220). Soumise à des forces contraires de contraction et d'expansion, l'essence primitive de Dieu est « emportée malgré elle dans un mouvement giratoire » (VIII, p. 246 ; cf. XIII, p. 273). Sa vie est faite de contradictions (VIII, p. 219), « d'opposition et d'angoisse » (VIII, p. 246). Dieu ne s'en dégage que par la fulguration de la libre décision : un saut qui, comme chez Kierkegaard, survient à l'aveugle (VIII, p. 220), dans un éclair (WA, p. 178) et, en un instant, pose l'esprit. Nul ne se défait de la douleur, qui veut se révéler et parvenir à la conscience de soi et à la liberté, même Dieu.

L'angoisse est analysée dans une page étonnante qui porte sur l'émergence de l'esprit qui, à l'état de rêve (que nous retrouvons chez Kierkegaard) (CA, p. 144, 150), n'agit pas encore sur l'être mais, la pénétration spirituelle s'accentuant, les forces de l'être s'éveillent et se mettent à œuvrer « de façon faible, aveugle, et, comme manque à l'être l'unité conciliante de l'esprit, il engendre des créatures puissantes, sans forme : ne se trouvant plus dans l'état d'intériorité ou de clairvoyance, ne subissant plus la fascination des visions de béatitude, annonciatrices de l'avenir, l'être existant est entraîné dans cette lutte comme dans des rêves accablants, surgissant du passé, c'est-à-dire de l'Etre ; à mesure que la lutte s'intensifie, ces créatures nocturnes, produits d'une imagination sauvage, font irruption en lui, et il y reconnaît les horreurs de son propre être. C'est l'angoisse qui constitue le sentiment dominant, celui qui correspond à la lutte des tendances dans l'être,

57. *Die Weltalter*, Munich, Beck, 1946.

lutte dont il ne sait ni le pourquoi ni le comment » (VIII, p. 336)[58]. À cette saisie encore insuffisante de l'esprit correspond aussi chez l'homme le relâchement de sa prégnance : toute l'horreur qui a été refoulée dans l'individu remonte à la surface (VIII, p. 268). Mais ne peuvent être mauvaises angoisse et contradiction qui n'ont pas été préalablement subordonnées à l'esprit (VIII, p. 267-268).

Dans la suite du texte, Schelling décrit la volonté contractante en proie aux affres de l'angoisse et tentée, pour y échapper, d'imiter l'esprit qui la pose dans le passé. L'angoisse qui occasionne le passage se distingue de la douleur et de la contradiction (VIII, p. 274-275) qui à elles seules ne peuvent commander le saut (les trois aboutissent, il est vrai, à la crise) (WA, p. 131). La contradiction constitue l'essence divine comme systole et diastole, laquelle essence eût pu demeurer dans l'indifférence (WA, p. 131) ou n'engendrer que la rotation en raison d'une tendance à la séparation demeurée ineffective (VIII, p. 321-322).

La même noria divine est récapitulée dans la nature et dans l'homme (VIII, p. 264)[59]. Reprenant les termes du *Traité*, Schelling écrit : « L'effrayant et le terrible sont le vrai fond substantiel de la vie et de l'existence » (VIII, p. 339). La vision proposée est proprement dionysiaque : la nature en passion – avant l'émergence de l'homme – rappelle le dieu démembré : « Cette mutilation intérieure que la nature s'inflige à elle-même, cette roue de l'éternel recommencement tournant à une vitesse folle, poussée par des forces terribles, trouvent leur expression dans d'autres

58. Kierkegaard qui observe que les enfants saisis d'angoisse recherchent le fantastique, le monstrueux et l'énigmatique (CA, p. 144) ne va pas jusqu'à en faire des expressions de leur être profond.
59. Il est déjà question de la nature dans la référence précédente.

rites religieux encore plus épouvantables (que « les orgies bachiques »), tout à fait primitifs : furieuse lacération, auto-castration... » (VIII, p. 338).

Quoi d'étonnant si toutes les créatures naissent à leur tour dans l'angoisse ? Celle qui, lors de la conception et de l'enfantement, produit un rejeton nécessairement angoissé selon Kierkegaard (CA, p. 173). Schelling écrit : « Tout ce qui devient ne devient que malgré soi ; l'angoisse est le sentiment fondamental de toute créature vivante et tout ce qui vit ne naît et n'est accueilli qu'au sein d'une lutte violente (...). La plupart des produits de la nature inorganique ne sont-ils pas de toute évidence enfants de l'angoisse, de la frayeur, voire du désespoir ? » (VIII, p. 322). *La Philosophie de la Mythologie* nommera le soufre, les odeurs fétides des gaz et l'amertume de la mer (XII, p. 582). « La première base de l'homme à venir est faite de luttes mortelles, de terrible tristesse, d'angoisse allant souvent jusqu'au désespoir » (VIII, p. 322).

L'élévation de Dieu en tant qu'esprit au-dessus de sa nature rend accessible à l'homme l'arrachement à sa propre noria : « Livrée à elle-même, la nature de l'homme est, à l'instar de la nature éternelle, une vie tissée par la contradiction et l'angoisse, un feu insatiable et dévorant, un feu sans cesse renaissant. Elle aussi a besoin de conciliation, dont le moyen réside cependant non en elle, mais en dehors et au-dessus d'elle. Elle ne peut être régénérée que par l'esprit de Dieu » (VIII, p. 265).

En forgeant la notion d'angoisse objective, Kierkegaard ne faisait donc que se rattacher à une tradition bien établie[60]. À vrai dire, il ne l'avance que par souci d'équilibre et de fidélité à saint Paul pour la nier dans le fait puisqu'il affranchit l'animal de l'angoisse (CA, p. 144,

60. Il a pu connaître Boehme à travers Baader qui parle, dans ses *Fermenta Cognitionis* (IV, § 15), de l'angoisse et de la roue.

155) sans mentionner que ce serait dans ce cas uniquement de l'angoisse subjective[61]. Elle joue chez lui un rôle si effacé qu'elle n'entre pas en ligne de compte, alors qu'elle l'eût pu, dans le traitement de la question du facteur quantitatif de l'angoisse.

En revanche, concernant l'angoisse subjective et ses ramifications après le mal, Kierkegaard semble sans généalogie. C'est son sens intime qui fut son instructeur (CA, p. 147, cf. p. 207). « Tout homme comprend par lui-même comment le péché est entré dans le monde » (CA, p. 152). Sa conception générale du péché ne dépend pas directement du philosophe allemand et s'inscrit parfois en faux contre ses analyses et analogies : Kierkegaard récuse formellement l'égoïté universelle (CA, p. 178) que la philosophie de la nature a cru pouvoir détecter à tous les degrés de l'être (TL, p. 351) et ne tient pas compte de l'idée d'un égocentrement absolu. Il se méfie de même de la présentation du mal comme une maladie (CA, p. 117) dont on trouve trace dans *Les Recherches* (TL, p. 366) sans qu'on puisse assurer ici qu'il vise particulièrement Schelling. Et s'il a retenu du *Traité* l'idée d'une liberté totale (corrélative du rejet de la prédestination) et donc de la responsabilité du pécheur, il récuse le choix pré-temporel (ou si l'on veut l'auto-détermination) (TL, p. 386, 389) et introduit la médiation irréfléchie de l'angoisse et du saut. Cette dernière notion apparaît, il est vrai, dans *Philosophie et religion* de Schelling (VI, p. 38) où, désignant la rupture de l'égoïté d'avec l'Absolu, elle est prise dans un sens différent de celui de Kierkegaard, mais pas assez pour ne pas suggérer qu'ici et là sont pensées discontinuité et rupture dynamique de niveau.

---

61. Il est remarquable qu'Edith Stein réserve une place particulière à l'angoisse de l'animal (*De la personne*, Paris, Cerf, 1992, p. 53).

§ 2. L'angoisse subjective chez Schelling et son retentissement chez Kierkegaard

Kierkegaard et Schelling évoluent, semble-t-il, dans des sphères différentes. L'un se meut dans une psychologie jouxtant la dogmatique, l'autre dans une métaphysique convertie en théogonie transcendantale depuis 1804. Le souci dogmatique de Schelling dans le *Traité* est quasiment nul (à l'inverse de ce qui se passe dans la *Philosophie de la Révélation*) ; Kierkegaard renonce décidément à une théodicée explicative. Tous deux cependant s'inspirent étroitement de la Bible et partent de la même ligne quoiqu'ils empruntent des voies divergentes. En effet, tant l'introduction du *Traité* que celle du *Concept d'angoisse* portent sur la possibilité d'une science du mal, c'est-à-dire d'un système où le mal pourra être compris. Alors que Kierkegaard congédie d'emblée un tel projet dans lequel le péché acquerrait, en quelque sorte, le cachet de la nécessité, Schelling, pour s'y atteler sans vider le mal de sa réalité et le réduire à une simple négativité, est immédiatement conduit à poser la vérité comme système de l'unitotalité compris dans l'entendement divin.

Nous voici parvenus au sujet qui nous intéresse : l'angoisse subjective dans le *Traité* et son incidence sur le *Concept d'angoisse*. Je commence par reproduire le texte avec son contexte immédiat : « La volonté de Dieu est de tout universaliser, de tout élever à l'unité avec la lumière, ou de l'y maintenir ; mais la volonté du fond est de tout particulariser ou rendre créaturel. Le fond ne veut l'inégalité qu'afin que l'égalité se sente[62] et qu'à lui-même elle devienne sensible. C'est pourquoi il réagit

62. Cf. WA, p. 29 où c'est l'unité qui se sent.

nécessairement contre la liberté comme contre ce qui est sur-créaturel, et éveille en elle le désir du créaturel, semblable à cette voix intime qui semble appeler à se précipiter l'homme saisi de vertige sur une cime escarpée, ou encore, à cet irrésistible chant des sirènes qui, selon l'antique légende, résonne des profondeurs pour attirer dans le tourbillon le navigateur de passage. La liaison en l'homme de la volonté universelle avec une volonté particulière semble déjà en soi une contradiction dont la conciliation est difficile, sinon impossible. L'angoisse même de la vie pousse l'homme hors du centre où il a été créé ; car ce centre, en tant qu'essence la plus pure de la volonté, est pour chaque volonté particulière un feu dévorant ; pour pouvoir y vivre, l'homme doit mourir à tout être-propre, au point d'être presque nécessairement tenté de quitter le centre pour sortir vers la périphérie, afin d'y chercher un lieu de repos pour son ipséité (*Selbstheit*). C'est de là que vient l'universelle nécessité du péché et de la mort, comme disparition effective de l'être-propre par laquelle toute volonté humaine doit passer comme par un feu purificateur. Malgré cette nécessité universelle, le mal demeure toujours le choix propre de l'homme ; le fond ne saurait faire le mal comme tel, et toute créature tombe par sa propre faute. Mais comment, en chaque homme singulier, la décision pour le bien et le mal procède-t-elle ? » (TL, p. 381-382). Est consacrée au traitement de cette question toute une section où l'on apprend que l'essence de l'homme étant son propre acte, il s'est choisi tel dès le commencement.

Le texte cité commence par établir la double postulation à laquelle est soumis l'homme : universalisation et particularisation. La première est requise par Dieu, la deuxième par l'obscur en Dieu, principe de son ipséité. L'auteur prend soin de préciser que le fond cherche l'inégalité au seul profit de l'égalité, selon la loi fondamentale de l'opposition formulée dans le *Traité* et qui veut que chaque étant ne puisse se révéler qu'en son contraire (TL, p. 373). Cette indication est précieuse à deux titres : elle désatanise le fond et justifie l'émergence du mal comme op-posé qui révèle le bien. La tentation joue donc un rôle positif pour lequel la dynamique de la révélation a conçu « l'esprit du mal » (TL, p. 377). Car l'homme primordial (qu'on peut appeler Adam) est la proie de l'hésitation dont il doit pourtant se dégager.

C'est Schelling lui-même qui invite à songer à Adam (j'y insiste à cause de Kierkegaard) : « L'homme est un être indécis au sein de la création originelle (ce qui peut d'ailleurs être présenté de manière mythique comme un état d'innocence et de bonheur primitif antérieur à la vie présente), et qui ne peut se décider que lui-même » (TL, p. 385). Pour sortir l'homme de son indécision, Kierkegaard introduit dès ici l'angoisse par laquelle le péché est posé dans le saut qualitatif. Il vaut la peine de citer le passage d'autant que le thème schellingien du vertige y est repris : « On peut comparer l'angoisse au vertige. On a le vertige quand on plonge le regard dans un abîme. Mais la raison du phénomène n'est pas moins l'œil que l'abîme ; car il suffit de ne pas regarder. L'angoisse est ainsi le vertige de la liberté survenant quand l'esprit veut poser la synthèse et que la liberté, scrutant les profondeurs de sa propre possibilité, saisit le fini pour s'y appuyer. La liberté succombe dans ce vertige. La psychologie ne peut et ne saurait aller plus loin » (CA, p. 163). S'appuyer sur le fini, dit Kierkegaard. La métaphore géométrique de Schelling implique un déplacement analogue, la périphérie désignant le champ de la finité. On constate un mouvement pendulaire de fuite qui conduit de l'infini au fini, l'infini des possibles, voire l'indéterminé (cf. OC 12, p. 158), chez Kierkegaard, l'infini de la Déité pour Schelling (comme une sorte de variation sur le thème kierkegaardien du désespérer de Dieu). Il est essentiel dans tous les cas que l'esprit qui se pose puisse se choisir contre Dieu. Comme la corporéité en tant que telle ne joue pas un rôle dans le vertige schellingien, c'est à bon droit que l'on pourra dire que l'angoisse dont il parle se rapproche davantage du désespoir (qui, désaccord entre l'éternel et l'existentiel en l'homme, décrit une angoisse sur un plan supérieur). Comme le philosophe allemand n'entend pas se restreindre méthodologiquement à la psychologie et qu'il se meut plutôt dans l'élément du spéculatif, il manipule plusieurs claviers. L'angoisse de la vie elle-même est, en ultime instance, suscitée par le fond de Dieu.

Entre l'innocence et l'angoisse, *Les Recherches sur la liberté humaine* insèrent une tentation extérieure (en quoi elles montrent plus de fidélité au récit de la Genèse) : « L'homme est placé sur une cime telle que c'est en lui-même qu'il possède à égalité l'origine de son auto-mouvement vers le bien et vers le mal : le lien des principes n'est pas en lui nécessaire, mais libre. Il se dresse à la croisée des chemins ; quoi qu'il choisisse, ce sera son acte, mais il ne peut rester dans l'indécision car Dieu doit nécessairement se manifester, et dans la création absolument rien d'équivoque ne doit subsister. Cependant, il semble que l'homme ne puisse pas non plus sortir de son indécision, précisément parce que celle-ci est telle. Il faut donc qu'il y ait un fondement universel de la sollicitation du mal, fût-ce seulement pour donner vie aux deux principes en lui, pour le rendre conscient de ceux-ci » (TL, p. 374).

Pour garantir la liberté humaine, Kierkegaard est demeuré attaché à l'Épître de Jacques selon laquelle chacun est tenté par soi (Jc I,14 ; CA, p. 149, 207, 208, cf. 218n), de sorte qu'il disqualifie formellement le rôle du Malin dans la chute. Le mythe, dit-il, fait se passer à l'extérieur ce qui est à l'intérieur (CA, p. 148). Et il proclame ne rien pouvoir penser du serpent (CA, p. 149). Mais la raison pour laquelle il le rejette est claire : comme il récuse toute explication extrinsèque, il n'a pas à s'embarrasser de justifier Dieu en attribuant l'incitation au mal à un être inférieur révolté. Un des effets inacceptables de l'hypothèse du serpent est qu'il intervient dans les rapports de l'homme avec Dieu.

L'écart creusé sur ce point entre Kierkegaard et Schelling peut être réduit par le refus opposé par ce dernier à la thèse de l'ange déchu (TL, p. 375) à laquelle il substitue celle d'un Dieu inversé, projet humain impossible à réaliser dans les faits, mais dont le levier, essence intermédiaire entre l'être et le non-être, entreprend par la fausse imagination de tromper l'homme : « C'est pourquoi il cherche, à travers des représentations spéculaires, et en empruntant, lui qui n'est pas, l'éclat de l'être véritable, comme le serpent emprunte à la lumière ses couleurs, à conduire l'homme dans le domaine du non-sens, là où seulement il peut être reçu et conçu par lui » (TL, p. 390). La mention du serpent, pour n'être point accidentelle, ne doit pas induire en erreur. Le Satan du *Traité* n'a pas d'existence réelle. Son être se confond avec son aspiration à être lors même qu'il ne le pourra. C'est en cela qu'il est serpent, imposteur et mage des envies, nourricier de la « fausse imagination qui est le péché même » (TL, p. 390).

L'esprit du mal schellingien ne contredit pas la sentence de l'Apôtre, car c'est à partir de lui-même (quoique recevant une impulsion dont l'origine lointaine est la scission cosmique entre la lumière et les ténèbres) (TL, p. 377)[63] que l'homme éprouve le désir. Par rapport à

63. C'est le deuxième jour – néfaste – de la création selon la tradition ésotérique. Cf. notamment *le Zohar* I, 17a, 18a ; II, 149b.

la *Philosophie de la Révélation,* la démonologie des *Recherches* occupe une position double. Dans la dernière philosophie, l'Ennemi, loin de provoquer la chute de l'homme en est directement issu (XIII, p. 351). Mais pour l'écrit de 1809, il est provoqué à l'être lors du processus de la création. Il s'attache d'abord à dissocier l'homme de Dieu en déchirant l'unité interne à l'humain. Ensuite, il vise à exister lui-même, moyennant le maléfice humain, comme un Dieu inversé.

Cette secondarité chronologique de l'Ennemi des créatures, dans *la Philosophie de la Révélation*, vient en partie du fait que Schelling n'y introduit pas l'angoisse subjective comme tremplin existentiel vers le péché. Examinons le texte suivant : « Puisque l'homme est libre à l'égard des trois causes dans leur différence, et dans cette mesure est placé *au-dessus* d'elles, sa liberté consiste en ce qu'il peut se tourner vers le Créateur ou vers les puissances. Mais puisqu'il se croit *seigneur* des puissances tout comme Dieu l'était, il est naturel qu'il se tourne vers les puissances pour être lui-même *en tant que* (*als*) Dieu » (XIII, p. 349). Il importe peu ici que tout le champ des possibles soit réduit à une simple dualité, car chacune des options en cause dégage son propre champ de possibilités. Ce qui retient plutôt notre attention, c'est qu'il soit naturel que l'homme originel choisisse de se tourner vers les puissances. Il n'est pas dit que le premier principe joue ici un rôle puisque c'est l'homme qui le réactualise. Et pourtant, de signifier le pouvoir-être, aurait dû lui faire tenir une place de choix dans la dramaturgie de la chute. Mais même dans l'auto-constitution divine, le pouvoir-être ne jouit pas d'un temps d'hésitation : « Il est placé sur une pointe où il ne peut pour ainsi dire se maintenir un seul instant » (XIII, p. 209). On ne s'étonnera donc plus que lors de la volte-face néfaste, la liberté humaine se trouve plus affirmée qu'éprouvée, comme on peut le constater dans la dix-septième leçon de *La Philosophie de la Révélation* : « Dieu fait si grand cas de la liberté de la créature qu'il fait dépendre le destin de toute son œuvre de la volonté libre de la créature. La création était accomplie, mais elle était posée sur un fond mobile — un être (*Wesen*) maître de lui-même. Le dernier produit était un être absolument mobile qui pouvait se renverser aussitôt et qui donc devait d'une certaine façon inévitablement se renverser. Et si nous embrassons du regard tous les moments parcourus jusqu'ici, nous devons dire : Dieu lui-même fait pour ainsi dire sans cesse pression en direction de ce monde par lequel il a enfin pleinement rejeté de lui tout être, dans lequel il a un monde libre à *son* égard, une création véritablement *hors* de lui » (XIII, p. 359). Cet « aussitôt », ce « devait » et cet « inévitablement » qui congédient purement et simplement l'hésitation ne font même pas cas, en guise d'alibi, de l'identité de la liberté et de la nécessité professée dans *Les Recherches* (TL, p. 382-389). Il est vrai que l'écrit de 1809 arrivait assez vite à la nécessité du péché dont l'affirmation est seulement tempérée par le fait que l'homme est *presque* nécessairement *tenté* de quitter le centre vers la périphérie. Le point de vue adopté par la *Philosophie de la révélation*, celui de l'Absolu qui provoque l'extra-version, rappelle la surprenante, mais si puissante, réflexion de 1804 : Dieu livre l'Objet de Sa contemplation (ou les idées) à la finitude et le sacrifie (VI, p. 63, cité in TL, p. 404).

Il vaut donc mieux revenir aux *Recherches*. On y découvre alors que la fonction de l'imagination n'y est pas sans analogie avec celle de l'angoisse chez Kierkegaard. Par l'une et l'autre le péché se déclare, et toutes deux posent le non-être, encore que l'imagination puisse passer, par le déploiement onirique des possibles, comme une étape conduisant à l'angoisse, voire à la mélancolie. Pour le philosophe allemand, le séducteur invite sa proie à de

« faux plaisirs et l'entraîne à accueillir en son imagination le non-étant » (TL, p. 390). Par la fausse imagination et « une mauvaise orientation de la connaissance sur le non-étant, l'esprit de l'homme s'ouvre à l'esprit de mensonge et de fausseté » et « vient à perdre sa liberté initiale » (TL, p. 391). Or, pour le Danois, l'objet de l'angoisse est aussi le non-étant (CA, p. 144-145). Le moment est venu de souligner combien *Le Concept d'angoisse* dépend bien plus des *Recherches* que de la *Philosophie de la révélation*. Dans le cours, la puissance d'être y est caractérisée comme un rien pour autant qu'elle est « ce qui est ouvert à tout, égal pour tout (*omnibus aequa*), ce qui n'exclut rien — or ce qui n'exclut rien, voilà précisément la puissance pure » (XIII, p. 73). Si maintenant à chaque possibilité correspond un désir, l'oppression s'exercera dans la mesure de la pré-élection mentale. Pour peu que le désir soit écarté, l'homme retrouve le calme de la liberté[64]. Ce n'est donc pas la liberté qui angoisse ou qui se tente elle-même en tant que possibilité du possible.

Au *s'angoisser pour et par rien* (CA, p. 145) Heidegger donnera une nouvelle carrière dans *Qu'est-ce que la Métaphysique ?* en relation avec le problème du néant. Chez Kierkegaard, il suffit que l'interdit soit intériorisé par Adam pour que le rien devienne en lui angoisse de la « possibilité de pouvoir » (CA, p. 146). Le rien n'est pas le néant purement et simplement mais, comme on peut le déduire de la phrase suivante, le possible multiple et évanescent : « La réalité de l'esprit se montre toujours comme une forme qui tente sa possibilité

---

64. « Quand un désir surgit en nous, alors il y a tout d'un coup un être *là* où il n'y en avait pas auparavant. C'est pourquoi nous nous sentons oppressés par un désir, car il occupe un espace qui auparavant était libre, dans lequel nous nous sentions libres, et nous respirons pour ainsi dire quand nous sommes à nouveau débarrassés de ce désir » (XIII, p. 213).

mais qui s'éloigne dès qu'il veut la saisir et est ainsi un rien capable uniquement d'angoisser » (CA, p. 144). Ce possible multiple et évanescent n'est autre que le soi ; il désigne les différentes déterminations de l'esprit non encore configurées et qui, comme dans un rêve, se projettent, fascinantes et effrayantes. L'esprit appelé à se poser pose aussi dans leurs limites les termes de la synthèse du corps et de l'âme, forçant l'individu opter pour le fini ou pour l'infini.

En bref, c'est la possibilité d'être soi et de se saisir tel qui angoisse. L'interdit a beau n'être pas compréhensible pour Adam, il lui donne quand même la possibilité d'opter et lui confère donc le sens de la liberté avec, en sus, l'idée de la faute à cause du châtiment qui le menace (CA, p. 146-147).

Angoisse et imagination sont devant le rien. Dans le détail combien semblent différentes les deux philosophies et pourtant un même fil les traverse et relie. Chez Kierkegaard, c'est l'esprit, en tant qu'humain, qui angoisse ; pour Schelling, l'Esprit du mal orchestre les mises en scène de l'imagination. Mais dans l'un et l'autre cas, c'est soi-même qu'on choisit, un soi dévoyé. Ici et là, la liberté est prise de vertige devant le possible, mélange d'être et de non-être, et s'effondre. Que dirait Schelling ? L'homme perd sa liberté initiale. Kierkegaard pour sa part : dans l'angoisse la liberté est entravée (CA, p. 151), dans le péché elle fait pacte avec le corps contre elle-même (CA, p. 232) et tombe dans la servitude (CA, p. 233).

Selon Schelling, l'imagination conduit l'homme à poser son ipséité au-dessus de la volonté universelle. Dans le texte cité est prononcée la consolidation de l'ipséité même. Dès la naissance est communiquée à l'individu la volonté propre (on pourrait dire le *conatus*) par suite de l'éveil du fond (TL, p. 381). Un « penchant naturel pour le mal » (TL p. 381) est détectable en ce point, mais qui n'est pas encore le mal même (lequel est inversion des principes). Le fond ne cesse pas d'éveiller et d'exciter la volonté particulière de l'homme en vue d'une totale individuation et de la révélation de l'op-posé : la volonté de l'amour.

L'indécision première pour le bien et pour le mal est préparée par l'insoutenable malaise de la condition humaine partagée entre le sur-créaturel (le céleste) et le créaturel (le terrestre). Pour y échapper l'homme peut soit distendre le nœud gordien jusqu'à l'extrême de la finité, soit se jeter dans le feu de la déité (qui équivaut à la mort à soi des mystiques, une extinction qui n'est pas une abolition pure et simple), soit encore se décider pour l'infernal à partir de la finité, – car, pour Schelling, au ciel s'oppose l'enfer et non la terre (TL, p. 371). Dans le texte cité tel n'est pas encore le cas. Comme chez Kierkegaard, l'angoisse s'empare de l'innocent. Vertige et chant de sirènes finiront certes par le précipiter dans l'abîme ; toutefois, ce qu'il vise encore ici, c'est la sauvegarde de son ipséité qu'il n'entend pas absolutiser – auquel cas nous serions dans le mal –, mais qu'il veut préserver de la consumante proximité de Dieu : « L'angoisse même de la vie pousse l'homme hors du centre où il a été créé »[67], centre qui est pour « chaque volonté particulière un feu dévorant ». Pour les *Âges du monde*, ce feu est celui de l'ipséité divine, sa force de cohésion. Elle menacerait d'anéantissement toute créature[68] si Dieu ne la

67. Cette sentence suscita l'enthousiasme de Heidegger qui demanda un jour à ses étudiants : « Messieurs, pouvez-vous m'indiquer une seule phrase d'une telle profondeur chez Hegel ? » (cité par Gadamer dans *Heidegger et l'histoire de la philosophie*, in *Les Cahiers de l'Herne : Heidegger*, Paris, Livre de Poche, 1983, p. 127).
68. Cf. J. Hatem, *Satan, monothéiste absolu selon Goethe et Hallâj*, Paris, Ed. du Cygne, 2006, ch. I.

contrebalançait pas par l'amour (WA, p. 19). Mais pour *Les Recherches*, si cela était, l'homme n'aurait pas eu à s'éloigner du centre, ce qui montre bien que le traité de 1809 a maintenu l'essentiel de l'intuition de 1804.

Dieu serait-il le néant de l'homme, y compris en Éden ? Le néant kierkegaardien serait-il, en dernière analyse, la trace de Dieu sur le passage de l'homme ? C'est au dilemme de Hamlet qu'est l'homme confronté ! Son cœur n'est pas seulement une énigme, il est contradiction. Relisons une phrase : « La liaison en l'homme de la volonté universelle (*allgemeinen Willens*) avec une volonté particulière (*besondern*) semble déjà en soi une contradiction dont la conciliation est difficile, sinon impossible ». Elle n'est pas sans évoquer une sentence du *Concept d'angoisse* : « Le moi (*Selv*), c'est la contradiction du général (*Almene*) posé comme le particulier [ou plutôt le singulier : *Enkelte*] » (CA, p. 178). Dans les deux cas, c'est le rapport de soi infini à soi fini qui est vécu comme angoisse. Il est à noter que par le terme de généralité, Kierkegaard n'entend pas ici exclusivement l'espèce ou les normes éthiques universelles et à ce titre divines (cf. OC 5, p. 159 ; *Papirer* IV B 67). Il enveloppe l'intelligibilité comme telle à quoi la singularité demeure irréductible (cf. CA, p. 179n).

L'homme schellingien est doté d'une volonté particulière qui lui vient du fond et le distingue, en tant que créature, de Dieu et de la volonté universelle ou entendement. En lui, la volonté particulière s'élève jusqu'à l'union avec la volonté originaire (TL, p. 363). Cette union des deux principes reçoit la détermination de l'esprit. Dieu est esprit en un sens absolu (TL, p. 395) parce qu'en Lui les deux principes sont indissociablement liés (TL, p. 364) – ce qui n'est pas le cas chez l'homme.

En tout être, il est vrai, sont unis les deux principes « sans consonance parfaite, en raison des défectuosités de ce qui a surgi du fond» (TL, p. 363). Seulement en l'homme, parce que le Verbe y est intégralement proféré, cette union devient esprit et par là liberté capable de s'opposer à la volonté universelle (ce que ne peuvent les animaux dont le mode d'être est instrumental) en posant au-dessus d'elle la volonté particulière. Qu'est-ce qui rend possible le mal ? La dissonance dans la créature qui manifeste ce que, ailleurs, Schelling appelle le secret de toute vie, d'être synthèse de l'absolu et du limité (V, p. 393), est dans l'homme *contradiction* parce que lui seul peut provoquer déchirure et perversion. Un mouvement pendulaire le porte de l'abandon à Dieu à l'affirmation de soi. Quand devient trop aiguë la contradiction, dès lors qu'est durement ressentie la proximité de Dieu, l'homme s'écarte du centre et se déporte vers la périphérie. La centrifugité, fruit de l'angoisse, n'est pas elle-même le mal. Elle conduit au lieu où ce dernier s'actualise car l'ipséité, se ramassant en elle-même, y voudra tout rapporter à soi. Schelling avait d'ailleurs tenu à souligner que le mal ne provenait pas de la finité en soi, mais de la finité érigée en être-soi (*Selbstsein*) (TL, p. 370n). La pente est vite dévalée car, pour se maintenir, l'ipséité n'aura pas d'autre choix que de se durcir, de s'égoïser absolument en s'arrachant entièrement à la volonté universelle (TL, p. 399-400). Il est digne de remarque que plus l'homme dévoyé s'éloigne du centre igné, plus l'ipséité se renforce, contrairement à ce que professe, par ailleurs, Baader pour qui elle se fractionne et s'effiloche[67]. C'est que Schelling conçoit le mouvement de l'angoisse comme l'opérateur d'une auto-affirmation dont va bénéficier l'auto-révélation divine. Sans passage de l'homme à la périphérie, le mal n'aurait pas de site apparitionnel, en sorte que le bien serait lui-même privé de

67. *Fermenta Cognitionis*, V, § 20.

manifestation puisqu'il exige, pour s'actualiser, de remporter la victoire sur son opposé. La vie par laquelle se définit l'ipséité regarde en avant, visant sans le savoir la révélation de l'amour. En raison de la théorie nouvelle du devenir de Dieu à laquelle *Philosophie et religion* offrait encore une résistance déjà vacillante, il n'y a pas à espérer de retour moyennant une involution cosmique, une désinfatuation des individus, ou un repos forcé dans les bras de l'uniformité universelle, mais une perméation de toutes les ipséités par Dieu, sans risque aucun pour leur différenciation et leur affirmation due à l'angoisse de la vie. L'œuvre commune s'effectue par la grâce du bariolé, guère du gris. Ce qui habite en chacun s'écrie avec Hopkins :

> « Ce que je fais est moi : je vins pour cela »[68].

L'acquis de *Philosophie et religion* est préservé, la palingénésie exceptée. De là vient le besoin de concevoir un enfer, qui ne sera que personnel. C'est l'éclair de vie brillant en chacun qui devient pour l'égoïste forcené un feu dévorant (VII, p. 391). Selon les *Âges du monde*, celui qui ne parvient pas à engendrer son sauveur succombe à un feu dévorant intime (WA, p. 57).

Paradoxalement, c'est dans le contexte d'une polémique qui cherche à relativiser l'importance de la notion — notamment schellingienne[69] — d'égoïté et d'égoïsme que Kierkegaard insère sa sentence (le moi en tant que contradiction du général posé comme singulier)

68. *As Kingfishers catch fire*, v. 8.

69. Non seulement eu égard à l'égoïté humaine, mais tout aussi bien à la naturelle. C'est évidemment Schelling qui est visé dans la malicieuse critique de la « Philosophie de la nature » qui trouve de l'égoïté dans la création tout entière. Cf. TL, p. 351.

dont le caractère ne suffit pas à résoudre le problème. Car si, comme le soutient Kierkegaard, aucune science ne peut enseigner le singulier du fait que l'Individu seul peut le connaître (CA, p. 178), il suffira à tout homme d'être attentif à soi-même comme l'y engage l'auteur (CA, p. 179 ; cf. p. 152). En fait, la pointe de l'argument est ailleurs, dans l'affirmation que le moi n'advient véritablement que dans le saut qualitatif, ce qui revient à dire qu'Adam n'avait pas d'ego pour pouvoir se rendre coupable d'égoïsme (CA, p. 179) à quoi on peut objecter : la décision d'avoir un ego n'est-elle pas aussi acte d'égoïté ?

Pour être dichotomique, à l'instar de l'anthropologie des *Recherches,* celle du *Concept d'angoisse* ne saurait pourtant admettre d'emblée un dyothélisme décidé (cf. TL, p. 372). Posséder deux volontés (et non seulement deux motivations contraires entre lesquelles chancelle une seule et même volonté), ceci est l'affaire du démoniaque : « On a en effet deux volontés, l'une inférieure, impuissante, qui veut la manifestation, et une plus forte qui veut se retrancher ; mais le fait qu'elle est la plus forte montre que l'homme est essentiellement démoniaque » (CA, p. 225). Plus loin, le penseur danois les nomme *volonté de liberté* et *volonté serve* (CA, p. 239n).

L'individu n'est précisément pas l'exemplaire qui ne fait qu'exprimer l'espèce (OC 11, 45) (sans quoi il n'y aurait pas contradiction). Schelling disait de même de l'animal qu'en lui le conscient et le non-conscient sont unis d'une manière inaltérable (TL, p. 372). D'être lui-même et l'espèce (CA, p. 131-132), cela engage l'individu placé dans la contradiction à se déterminer comme l'esprit qu'il est. D'où la sentence : « Le sexuel exprime cette énorme contradiction (*Wiederspruch*) suivant laquelle l'esprit immortel se voit posé comme *genus* » (CA, p. 170).

Pour ce qui regarde l'éthique, la contradiction procède du rapport entre l'idéalité et la réalité. L'éthique est amenée à supposer à l'individu les conditions requises pour l'accomplissement des tâches qu'elle lui assigne, dans lesquelles pourtant il échoue.

Schelling place la contradiction avant la chute, Kierkegaard tout au long (CA, p. 150-151). Ne tient-il pas que la contradiction est le signe d'une tâche à accomplir ? (CA, p. 131, 150-151). Cela ne revient-il pas à soutenir que l'homme (ou Adam) n'était pas appelé à devenir un moi, un esprit réel ? *La Maladie à la mort* le nierait, mais s'y oppose l'*a priori* qui commande le *Concept d'angoisse* : à savoir qu'il n'était pas impératif que l'homme péchât (CA, p. 210) alors que c'est l'anthropologie de Kierkegaard même qui semble en exiger la nécessité. L'éthique se révolte justement contre pareille présupposition et la dogmatique se déclare outrée par ce blasphème selon les termes de Kierkegaard (CA, p. 124) parce qu'elle rapporte le mal à Dieu (telle est bien l'énigme que Schelling entend résoudre et dont Kierkegaard veut sagement contourner), mais encore une fois, qu'en est-il de l'anthropologie ? Bien qu'il refuse de répondre à la question de savoir quel aurait été le sort d'Adam s'il n'avait pas péché (CA, p. 151), Kierkegaard fournit une approximation : Adam serait au moment même entré dans l'éternité (CA, p. 192). On pourrait justement se demander ce que l'éternité aurait pu faire de pareil Adam, certes innocent, mais affligé d'indétermination. Il n'est pas nécessaire d'aller jusqu'au « Dieu doit se manifester » de Schelling pour justifier le mal, mais comme Kierkegaard doit admettre la prévalence de l'esprit en acte sur l'esprit en puissance, il lui faut au moins poser la supériorité dialectique de la faute sur l'innocence telle qu'il la définit — ce devant quoi il recule : « Il est contraire à l'éthique de dire que l'innocence doit être annulée » (CA, p. 47).

Pourtant, il admet que la conception carpocratienne d'une réalisation de la perfection moyennant le péché est vraie « à l'instant de la résolution, quand l'esprit immédiat se pose comme esprit par lui-même ». Il se contente de lui refuser une effectuation *in concreto*, sous prétexte de blasphème (CA, p. 202), terme qui rappelle que la réflexion psychologique qu'offre l'entreprise de Haufniensis avance sous la caution juridique de la dogmatique. À moins qu'il ne faille admettre que l'entrée dans l'éternité n'a pu se faire que moyennant un saut susceptible donc de constituer un moi. Je m'explique.

Kierkegaard a vu dans l'amalgame de l'innocence et de l'immédiateté hégélienne qui doit être abolie un danger pour la liberté et l'éthique, danger qu'il tente de conjurer en rejetant la nécessité du dépassement de l'état d'innocence. Il oublie que c'est de son propre mouvement que l'innocence, en tant qu'ignorance, est appelée à se dépasser. Ne la montre-t-il pas hantée, angoissée par l'esprit ? ne proclame-t-il pas qu'elle tend à la liberté ? (CA, p. 220). Cette contradiction pouvait et devait être levée par la considération de deux sauts, au lieu d'un seul, lesquels posent deux qualités distinctes : une synthèse abusive et une synthèse parfaite. Adam, dans cette dernière hypothèse, ne serait pas entré dans l'éternité, mais y aurait *sauté* tout en *devenant* un *moi* devant Dieu. Devant le cas de figure de cette alternative (distinguée du maintien de l'état d'innocence laquelle n'est pas le bien), la contradiction doit précéder le choix et le suivre seulement s'il y a faute.

Concernant cette alternative, Schelling soutient une thèse différente : comme le bien ne peut se manifester qu'à travers et contre le mal, la position de celui-ci est préalablement requise.

La néfaste résolution de la contradiction fait entrer le péché dans le monde. Comment ? Par le saut qui s'appelle chez Schelling chute (« toute créature tombe (*fällt*) par sa propre faute »). L'équivalent du facteur quantitatif se dit dans le *Traité* le « penchant au mal » issu de la liberté (TL, p. 387) et qui n'est pas le mal (TL, p. 388). « L'angoisse, dit Kierkegaard, est la réalité de la liberté comme possibilité offerte à la possibilité » (CA, p. 144). Il en va de même pour Schelling dans le glissement de l'angoisse à l'imagination.

Kierkegaard se suffit de la détermination du fini pour expliquer le péché parce qu'il attache au sensible une grande importance récusée par Schelling, notamment dans les *Conférences de Stuttgart* où il dit que le mal ne vient pas du corps et que c'est plutôt l'esprit qui infecte le corps que l'inverse (VII, p. 468). Sur la nature du mal, comme inversion des facultés, le *Concept d'angoisse* s'inscrit davantage dans la mouvance platonicienne (condamnée sur ce point dans le *Traité*) (TL, p. 371), quoi qu'en pense Kierkegaard.

L'analogie avec l'anatropisme platonicien ne doit pas celer le rapport que la pensée de Kierkegaard entretient avec le renversement mis en avant par Schelling dont le nom est d'ailleurs mentionné dans le passage qui précède la mention de la rébellion du corps. Le Danois fait allusion à la théorie de la « corporisation » selon laquelle l'homme choisit son propre corps, également professée par l'Allemand (TL, p. 387).

Une comparaison entre la théorie psychologique des *Recherches sur la liberté humaine* et celle du *Concept d'angoisse* ne sera pas infructueuse. Pour user du langage de Kierkegaard, on pourrait soutenir que pour Schelling, l'esprit est également synthèse, Schelling dit : relation (TL, p. 364). Il unit les deux principes, de lumière et de ténèbre, en surplombant la nature de telle manière que, libre à leur égard, l'ipséité peut soit les garder unis, subalternant la volonté particulière à la volonté universelle, soit les dissocier afin que celle-là domine celle-ci — configuration du mal.

L'inversion des deux principes engendre une vie fausse (la synthèse abusive) dans laquelle l'esprit, au lieu de régner, se trouve asservi par la volonté qui s'est rendue créaturelle (là se situe l'équivalent de la chute au sens tant biblique que platonicien comme dans *Philosophie et religion*) au point d'être mobilisée contre Dieu et la créature (TL, p. 365) alors que d'essence divine, — Dieu étant « l'esprit éternel » (TL, p. 361) qui ne se distingue de l'esprit dérivé que par l'indissociabilité des principes qui Le rend incapable d'inversion et donc de mal —, il est destiné au divin (TL, p. 365) au titre de principe de la personnalisation (TL, p. 404).

Projetée sur les obscurités et les « lacunes » du *Concept d'angoisse*, l'approche schellingienne permet de rapporter la contradiction de l'universel et du singulier à l'autonomie de l'ipséité revendiquée et opposée à Dieu — s'il est vrai, comme dit Kierkegaard dans l'Ultimatum de l'*Alternative* et surtout dans *La Maladie à la mort*, que l'on ne pèche que devant Dieu. Schelling va plus loin pour qui le « péché s'efforce de briser le Verbe » (TL, p. 391). Pour revenir à la corporisation, il est évident qu'elle n'est pas compréhensible sans la chute, absente du contexte immédiat et que la prédominance de la matière apparaît comme une conséquence du choix originaire.

La dissociation des principes est également exigée par Schelling en vue de rendre effective la révélation. Son raisonnement n'est pas suivi par Kierkegaard qui se refuse à admettre la nécessité du mal, et néanmoins, tient de Hegel et de Schelling l'obligation de la séparation comme premier moment de la ressaisie spirituelle. Schelling appelle « esprit du déchirement » l'esprit du mal dont l'émergence est concomitante avec la séparation de la lumière d'avec les ténèbres (TL, p. 377). Kierkegaard attribuera également à l'esprit la fonction dissociatrice. Schelling faisait suivre sa dramaturgie d'un deuxième acte où « l'esprit de l'amour » (TL, p. 377) réconcilie les deux principes (TL, p. 404) qui pouvaient demeurer chacun pour soi (TL, p. 408). Pour nos deux philosophes, le lien végétatif immédiat de l'âme et du corps doit être dénoué pour que l'esprit puisse lui-même les unir et transir. Considérons le texte suivant des *Recherches sur la liberté humaine* : « L'ipséité qui s'est simplement portée jusqu'au sentiment, ne saurait gagner notre confiance. Le sentiment est splendide quand il demeure dans le fond ; mais non point quand il vient au jour, se transforme en être et prétend dominer (...). Le lien de notre personnalité est l'esprit, et c'est seulement quand la liaison effective des deux principes peut devenir créatrice et féconde que l'enthousiasme[70], au sens propre du terme est le principe efficace de tout art fécond et formateur » (TL, p. 414). Le sentiment, c'est pour ainsi dire l'âme sous la domination du sensible. Par contre, l'esprit qui transfigure ce qu'il lie laisse voir en transparence les deux termes en harmonieuse compénétration — unis par le divin — car, enseigne Schelling à Stuttgart, « seul Dieu peut être l'unité d'êtres libres » (VII, p. 461)[71].

Devenir esprit et reconnaître en Dieu le fondement de son être, ce sont là deux tâches certes distinctes, mais complémentaires. À l'existence qui est synthèse d'éternel et de temporel est confiée la mission paradoxale d'être l'un et l'autre dans un instant qui est « la plénitude du temps « (CA, p. 189). Dès lors que l'éternel est posé en l'homme grâce à l'esprit, l'homme devient la proie de l'angoisse du possible parce que surgit ici l'avenir qui est

70. *Begeisterung*, qui connote l'esprit (*Geist*).
71. Dans ces conférences, l'âme (l'éternel) est appelée à régner sur l'esprit (le personnel) qui doit se soumettre le cœur (VII, p. 470).

« la possibilité de l'éternel (de la liberté) déposée dans l'individualité sous la forme de l'angoisse » (CA, p. 190). Cette possibilité de l'éternel pouvait, dans l'idée, ne pas embrasser le temporel si Adam n'avait pas péché (CA, p. 192). Mais il est vain, après le péché qui est choix du temporel, de penser pouvoir, comme dans les systèmes gnostiques, le dissoudre après qu'il a fait l'objet d'une option définitive de l'homme qui a modifié et la nature en général et la complexion de l'homme dont le projet de libération ne peut plus envisager qu'une éternité concrète maintenant qu'il est devenu un existant, synthèse d'éternel et de temporel. On lit dans le *Post-scriptum* : « Une éternité concrète, chez l'existant, est la passion à son maximum. Toute passion qui donne à l'idéalité est une anticipation de l'éternel[74] qui se trouve dans l'existence en faveur de l'existant et qui lui permet d'exister » (OC XI, p. 12). Anticipation de quoi ? de qui ? du divin en l'homme : l'esprit ; de Dieu dans le temps, — exemplaire unique d'un genre inédit de synthèse d'éternel et de temporel.

La véritable synthèse est réalisée dans et par la foi (CA, p. 215). Ultimement, même la différence sexuelle sera abolie, lors de la Résurrection (CA, p. 150, 179), car l'esprit est *en soi* indifférent à cette division (CA, p. 170), comme l'atteste la nature du Christ (CA, p. 179-180)[75].

---

74. L'expression « anticipation de l'éternel » définit la foi selon Kierkegaard (*Papirer* VII A 139). Cf. dans CA, p. 253 la formule proche de Hegel.

75. Dans *Fermenta Cognitionis* (VI, § 1), Baader soutient que l'esprit, cette synthèse, est de nature androgynique. Il cite Jean Scot Erigène pour qui la division sexuelle, fruit amer de la chute, sera surmontée en Christ par les hommes (*Ibid.*, IV, 23).

CHAPITRE IV

LA LOI FONDAMENTALE DE L'OPPOSITION

§ 1. Argument

Dans le chapitre sur le mal (*Böse*, et non pas *Übel*) de son ouvrage *The Theological Foundations of the Mormon Religion*[74], Sterling McMurrin considère l'axiome de Léhi (l'un des prophètes du *Livre de Mormon*) suivant lequel il doit nécessairement y avoir une opposition en toutes choses (II Néphi 2:11). Il en propose deux interprétations : 1/ que le mal existe, d'une part, pour rendre le bien possible, ce qui induit que Dieu crée ou permet le mal au bénéfice d'un plus grand bien, et d'autre part, qu'il est nécessaire de faire l'expérience du mal pour estimer la valeur du bien, ce que Sterling juge inapproprié. Il préfère l'option 2/ qui, au lieu de stipuler que l'opposition *doit* exister en vue d'un but, se contente de constater qu'elle existe de fait et inévitablement. Outre qu'une telle description se trouverait confirmée par des métaphysiques de type dialectique (McMurrin mentionne le taoïsme, Héraclite, Hegel et Marx), elle apporte son concours à une théodicée qui fonde ses arguments dans une

74. Salt Lake City, Signature Books, 2000, p. 97-98.

réduction de la puissance de Dieu (qui n'aurait pas, dans ce cas, à produire ou à autoriser le mal).

Je compte défendre un schéma qui combine la première option avec un thème qui appartient au second, la réduction de la puissance de Dieu qui est de nature à assurer son innocence. Ce qui est exclu, c'est l'idée que le mal existe de fait. Je suis loin de croire d'ailleurs que Hegel et Marx pensaient ainsi. Mais je n'entrerai pas dans ces considérations. Mon but est d'implanter l'axiome de Léhi (sans l'arracher à son contexte mormon) dans une théodicée dynamique du type de celle de Schelling. Je l'ai déjà rapproché de la loi fondamentale de l'opposition[75]. Maintenant, j'aimerais comparer la théologie mormone avec *Les Recherches sur la liberté humaine* où cette loi fait sa première apparition afin de délimiter le champ où l'implantation serait justifiée. Je garderai par commodité les termes de loi et d'axiome afin de les distinguer par procédé de convention.

Dans un premier moment, je partirai de la périphérie pour me rapprocher par étapes du centre où je situe l'axiome et la loi. Dans un deuxième moment, je procèderai à une confrontation.

§ 2. Arrière-plan doctrinal

La théologie mormone partage avec *Les Recherches* le sort de n'être pas respectueuse des requêtes de l'orthodoxie chrétienne. Si influencé par Luther qu'ait pu être Schelling, sa conception de la nature de Dieu et de son rapport au monde sort du cadre fixé par le

---

75. Cf. J. Hatem, *Les Trois Néphites, le Bodhisattva et le Mahdî ou l'ajournement de la béatitude comme acte messianique*, Paris, Ed. du Cygne, 2007, ch. VI.

christianisme. Il n'est pas question d'une Trinité immanente puisque le Verbe, comme entendement séparateur, est généré aux fins de la création. En outre Dieu est doté d'une matérialité par cela que sa raison d'être, au lieu de passer pour une simple notion (comme chez Leibniz), prend la consistance d'une entité dynamique et désirante qui fournira à l'univers sa matière première. Enfin, Dieu ne se tient pas au-dessus du temps, il est soumis au changement. Or ces propositions fournissent déjà des motifs de comparaison. À la Trinité, la théologie mormone substitue un trithéisme[76] (à tout le moins) et tient que Dieu (ou les dieux[77]) est doté de matière et de temporalité. C'est tout l'apport de la Philosophie de la nature que Schelling a développée depuis 1797 que de reconnaître la consistance du réel comme base de l'idéel. Et c'est l'innovation de Schelling dans *Les Recherches* que de penser un Dieu non seulement intratemporel, mais également en devenir. On peut également dire que le Dieu de Schelling n'est pas simple puisque composé avec son fond, ce qui est en mesure de garantir la personnalité en laquelle « seulement est la vie » (VII, p. 413). Il est notoire que celui de la théologie mormone comporte des parties[78].

Que Dieu ne soit guère impassible et ait des comportements humains ne gêne ni l'une ni l'autre doctrine. Pour sa part, Schelling revendique un anthropomorphisme conséquent[79]. La théologie mormone tient que Dieu possède une figure humaine à l'image de

76. Cf. Joseph Smith, *History of the Church*, Salt Lake City, Deseret, 1980, VI, p. 474; *The Essential Orson Pratt*, Salt Lake City, Signature Books, 1991, p. 380.
77. On passe dans le même verset de la *Perle de grand prix* (Abraham, 4 :1) du singulier (*the Lord*) au pluriel (*and they, that is the Gods*).
78. Cf. James Talmage, *Articles of Faith*, Salt Lake City, 1982, p. 48; *The Essential Orson Pratt*, p. 79.
79. Cf. VII, p. 432 et J. Hatem, *De l'Absolu à Dieu*, ch. II.

laquelle l'homme a été créé (Ether, 3:16) et même, suivant un enseignement qui remonte jusqu'à Joseph Smith, (l'auteur du *Livre de Mormon*) sans être obligatoirement admis par tous, qu'il est d'origine humaine[82], proposition dont les implications sont innombrables, mais dont je me contente ici de retenir qu'entre l'homme et Dieu il y a plus qu'analogie, il y a identité de structure, la différence étant due à la transformation. Joseph Smith prend à la lettre l'affirmation biblique d'une création d'Adam à l'image de Dieu[83]. Il n'a pas besoin de recourir aux expédients de religions comme le druzisme, le nusayrisme et même le christianisme orthodoxe qui font Dieu, pour pouvoir se manifester en personne aux hommes, emprunter une figure humaine, illusoire pour les deux premières, réelle pour la troisième, car même si la théologie mormone admet l'Incarnation, elle n'ôte pas à Dieu le pouvoir de se manifester dans la guise humaine indépendamment de la chair terrestre puisque cette forme humaine il la possède en propre. C'est ainsi d'ailleurs que le Père se découvre à

---

82. « God himself was once as we are now, and is an exalted man » (The King Follett Sermon, Avril 1844, in *History of the Church*, VI, p. 305). Il y a là comme un écho durci et transporté dans la théologie du fragment 262 de l'*Athenaeum* de Friedrich Schlegel : « Tout homme de bien devient de plus en plus Dieu. Devenir Dieu, être homme, se former sont des expressions identiques ». Qu'en est-il alors du Père céleste ? Il ne serait plus, pour reprendre à Victor Hugo son mot, que « l'immense aîné » (*Le Tas de pierres*).
83. Le christianisme orthodoxe peut aller jusqu'à l'affirmation d'une création d'Adam à l'image du Christ (Tertullien, *Contre Marcion*, II, 3, 5) pour ce que le Christ est doté d'un corps de chair. Lorsque Tertullien attribue à Dieu un corps, ce n'est pas dans un sens matérialiste explicitement revendiqué par les Mormons (cf. *The Essential Orson Pratt*, p. 61-108), mais à la manière des stoïciens, afin d'en affirmer la réalité. S'explique par là que si on prend à la lettre la création de l'homme à l'image de Dieu, ce ne peut être du Père, mais seulement du Verbe incarné tel que conçu par le Père de toute éternité.

Joseph Smith. Avec le philosophe allemand, les points de convergences sont les suivants : l'homme est ipséité et matière comme Dieu. Tous deux étant esprits, ils se distinguent uniquement par cela que le lien de la volonté universelle et de la volonté particulière est dissociable chez l'homme (telle est la condition de possibilité du mal) alors qu'il ne l'est pas en Dieu. Même structure donc, mais seulement en général, car avec une différence décisive. Alors que l'Absolu schellingien s'humanise progressivement, le Dieu mormon part de l'humanité.

Bien que j'aie usé du terme de création et continuerai de le faire, il est bien clair que la théologie mormone et Schelling récusent la création *ex nihilo*, ce qui n'est pas sans incidence sur le problème de la théodicée puisque Dieu ne peut être tenu pour entièrement responsable de ce qui est ou apparaît. La création est plutôt une formation à partir d'une réalité préexistante, tout à fait distincte du Démiurge selon la théologie mormone, relativement distincte, d'après Schelling.

Pour ce qui regarde la notion de Toute-Puissance, les choses sont plus délicates, car les positions ne sont pas tranchées. Un mormon aussi averti que Talmage peut reprendre au compte de la doctrine qu'il expose et défend l'affirmation de l'omnipotence[82]. Toutefois McMurrin est d'un autre avis, à la fois par son insistance sur le fait que le Dieu mormon, n'opérant pas *ex nihilo* n'est pas absolu[83], que le libre-arbitre de l'homme est assuré et par son analyse du problème de la théodicée qui mérite d'être citée : « Manifestement les trois concepts de l'absolue bonté de Dieu, de l'absoluité de sa puissance et de l'absolue réalité du mal ne sont pas mutuellement compatibles en tant qu'ingrédients d'une conception théiste

82. *The Articles of Faith*, p. 44.
83. *The Theological Foundations of the Mormon Religion*, p. 27.

du monde. L'un d'eux doit être évincé afin de sauver les deux autres. Aucune religion civilisée ne peut sacrifier le premier ; l'orthodoxie chrétienne traditionnelle a vécu pour un temps dans l'inconséquence et parfois sacrifia non sans hésitations le troisième ; le mormonisme, la majorité du protestantisme libéral, et quelques théologies philosophiques ont sacrifié le second »[84]. Il convient de se ranger de l'avis de McMurrin qui, s'il n'ignore pas le recours des théologiens et des prédicateurs mormons à la rhétorique de l'omnipotence divine, la tient pour incompatible avec l'essence de la doctrine[85]. Le Dieu de Schelling n'est pas moins limité dans sa puissance. Outre que pour sa création, il dispose d'une cause matérielle dont il n'est pas absolument maître puisqu'il ne l'a pas tirée du néant, il requiert les offices (bons et moins bons) de l'homme pour poursuivre l'œuvre de sa propre révélation. D'où la phrase extraordinaire : « L'homme se dresse à la croisée des chemins ; quoi qu'il choisisse, ce sera son acte, mais il ne peut rester dans l'indécision, car Dieu doit nécessairement se manifester, et dans la création absolument rien d'équivoque ne doit subsister » (VII, p. 374).

Parmi les cas de divergence, faut-il compter le panthéisme ? Cela semble évident dans la mesure où Schelling s'en réclame alors que, selon la théologie

84. *Ibid*, p. 105. Pour ce qui est du second, il est à noter que McMurrin rappelle que le théologien mormon Brigham Roberts, en s'opposant à la conception esthétique du mal, tient le mal moral et la souffrance pour des réalités positives (Introduction à Brigham H. Roberts, *The Truth, the Way, the Life. An Elementary Treatise on Theology*, San Francisco, Smith Research Associates, 1994, p. XX).
85. *Ibid*., p. 35. Dans sa notice sur l'omnipotence divine de l'*Encyclopedia of Mormonism* (Macmillan, New York, 1992), David Paulsen prend soin de préciser que cette notion n'est pas à prendre dans son sens traditionnel de pouvoir illimité, concept contradictoire.

mormone, les choses dont se constitue le monde ne sont pas des modes de Dieu. Mais outre que cette caractérisation de type spinoziste, à laquelle se rallie McMurrin[86], est loin de couvrir toutes les formes de panthéisme (et certainement pas celle à laquelle Schelling souscrit), le fait que le Dieu mormon se compose de matière (quand bien même subtile) conduit à la thèse, sinon du panthéisme proprement dit, du moins du monisme au sens où l'univers est substantiellement d'un seul tenant, en sorte qu'on aura beau affirmer que le Dieu mormon est transcendant[87], il n'en paraîtra pas moins qu'il est de la même farine que le reste de l'univers, ce qui évidemment va de soi pour Schelling. Mais alors, McMurrin est tout à fait en dehors du coup lorsqu'il rapproche ce qu'il appelle le transcendantalisme du mormonisme plutôt du calvinisme que du luthéranisme qui inclinerait vers l'immanence, car c'est à la théologie païenne (le néo-platonisme excepté) qu'il aurait dû songer pour autant qu'elle conçoit la divinité (au pluriel comme au singulier) comme intra-cosmique. Dans ce cas, la ligne de fracture entre la théologie mormone et Schelling ne passerait pas entre transcendance et immanence, mais bien plutôt entre théomonisme (Dieu est tout), panenthéisme (tout est en Dieu) ou théisme de l'immanence[88], d'une part, et monisme (Dieu fait partie du tout[89]), d'autre part. Il convient de préciser que tout comme il y a plusieurs formes de panthéisme, il y a divers monismes. Certains sont

86. *Ibid.*, p. 102.
87. *Ibid.*, p. 9.
88. C'est la désignation proposée par Fuhrmans (*Schellings Philosophie der Weltalter*, Düsseldorf, Schwann, 1954, p. 60-72).
89. Quelque chose comme le symétrique du Panenthéisme. Donc : Théo-en-panisme. Il est à noter que c'est progressivement que cette doctrine fait son apparition. *Le Livre de Mormon*, lui, se montre encore respectueux de la transcendance divine.

réducteurs (spiritualistes *ou* matérialistes, par exemple). Celui qui me paraît devoir définir l'ontologie mormone enveloppe la pluralité. Pour autant, la transcendance de Dieu étant relative, ladite ontologie ne contredit pas la définition lévinassienne du paganisme comme « impuissance radicale de sortir du monde. Il ne consiste pas à nier esprits et dieux, mais à les situer dans le monde »[90], ou si l'on préfère, dans l'immanence des éléments. Pour élargi qu'il soit, le monde reste monde. L'éternité des âmes dans le mormonisme tient de l'élémental.

§ 3. Comparaison

Le cadre est disposé qui doit permettre la comparaison de l'axiome de Léhi et de la loi schellingienne de l'opposition. D'abord les textes :

1/ J'appelle axiome de Léhi la sentence que le *Livre de Mormon* met dans la bouche de sa première grande figure prophétique : « Il doit nécessairement y avoir une opposition en toutes choses ». Et corollaires 1 et 2, les suivantes : « S'il n'en était pas ainsi (...), la justice ne pourrait pas s'accomplir, ni la méchanceté, ni la sainteté ni la misère, ni le bien ni le mal. C'est pourquoi chaque chose doit être un composé » (II Néphi 2:11).

2/ Dans la période intermédiaire de sa carrière intellectuelle, Schelling formule sa loi en deux endroits. La première, dans *Les Recherches sur la liberté humaine*, la

90. *L'Actualité de Maïmonide*, in *Cahier de L'Herne, Emmanuel Lévinas*, Paris, L'Herne, 1991, p. 144.

seconde dans les *Conférences de Stuttgart* qui lui donnent son nom.

(a) « Chaque être ne peut se révéler qu'en son contraire, l'amour dans la haine, l'unité dans le conflit » (VII, p. 373).

(b) « (...) *la loi fondamentale de l'opposition.* Sans opposition, point de vie, que ce soit dans l'homme ou dans tout existant en général » (VII, p. 435).

Il est légitime de penser que le philosophe s'inspire directement de Jacob Boehme[91].

C'est à la suite de l'annonce de la venue du Messie et de la nécessité d'un jugement que Léhi énonce son axiome. Il doit expliquer pourquoi le jugement enveloppe châtiment et bonheur comme deux opposés, le premier devant satisfaire aux réquisits de l'expiation. La négation des opposés moraux conduirait à celle de la justice ; autant nier l'existence de Dieu. Le *Livre d'Alma* répercute en termes saisissants la conséquence : si l'œuvre de la justice peut être détruite, Dieu cesserait d'être Dieu (42:13, 22, 42). Comme Dieu est le créateur, cela reviendrait à mettre en cause l'existence du monde (II Né 2:13). Il est clair que Léhi ne se contente pas de reconnaître un fait têtu universel, moral et cosmique, voire théologique, car il le présente comme un principe explicatif, qui donne sens. Par quoi il est révélateur. Il montre un fonctionnement, mais aussi une finalité. Il est nécessaire que les choses soient ainsi. Les *Doctrines et Alliances* reprennent le propos (avec plus d'autorité, car elles sont tenues pour paroles de Dieu) : « Il faut que le diable tente les enfants des hommes,

91. « Denn es mus ein *Contrarium* seyn, auf-dass eines im andern offenbaret werde » (*Mysterium magnum*, XXXVIII, 16). À noter également que chose contient en soi sa « Séparation » (en français dans le texte de Boehme, *Epîtres théosophiques*, XLVII, 5).

sinon ils ne pourraient agir par eux-mêmes ; car s'ils n'avaient jamais ce qui est amer, ils ne pourraient pas connaître ce qui est doux » (D & A, 29:38). Encore une fois l'axiome de Léhi est considéré comme la condition sinon de la liberté, du moins de son exercice. L'amer et le doux évoquent les deux fruits édéniques et doivent donc être également pris dans un sens moral, guère physique, car le passage mécanique de la peine au plaisir et retour qui est le lot de l'existence humaine après la chute ne se rattache à aucun acte de liberté. Au plan de l'idée, ce qui précède le mal, c'est la loi fondamentale de l'opposition elle-même qui entend garantir la liberté. Le mal ne procède pas de la liberté. Celle-ci est seulement son lieu d'émergence[92].

McMurrin a donc emprunté la voie de la théodicée rationnelle aux dépens de l'intention du texte lorsqu'il opta pour l'explication de l'opposition comme fait brut qui laisserait Dieu à l'abri de toute imputation de mal. Ce n'est pas Dieu qui est l'essentiel, mais cela dont la divinité elle-même participe, la VIE — dont les tours et détours sont réglés par la rivalité. À la suite du deuxième corollaire Léhi précise en effet que si rien n'était composé et se réduisait à un corps unique, ce dernier n'aurait ni vie ni sensibilité. Quand je dis que la divinité elle-même est soumise à la polarité oppositionnelle, je fais d'abord allusion, dans le contexte immédiat, à la chute de l'ange qui devint démon pour avoir cherché ce qui était mal devant Dieu (II Né 2:17). Mais aussi à un enseignement de peu postérieur au *Livre de Mormon* suivant lequel Satan a exprimé le souhait de mériter d'être appelé fils d'Elohim s'il rachetait toute l'humanité. Ce pour quoi il réclama de recevoir l'honneur de Dieu (Moïse 4:1), terme que les

92. Léhi et Schelling ne diraient donc pas, comme l'ouvrage nusayrî *Kitâb al-Haft wa-l-azillat* (ch. VI), que Dieu a créé Satan à partir des transgressions et des péchés des fidèles.

Doctrines et Alliances mettent en équation avec le pouvoir divin (D & A, 29:36). Autrement dit, Satan a voulu monter plus haut que l'échelle.

S'avise-t-on qu'il prétendait en fait suspendre l'axiome de Léhi puisqu'il se promettait de ne perdre aucune âme ? Cela est subtilement insinué puisque le texte fait dire au Père qu'outre que Satan se rebellait contre lui, il cherchait à détruire le libre arbitre de l'homme (Moïse 4:3). Or l'opposition, pour Léhi, est condition de la liberté humaine : « C'est pourquoi le Seigneur Dieu donna à l'homme d'agir par lui-même. C'est pourquoi l'homme ne pourrait agir par lui-même s'il n'était attiré par l'attrait de l'un ou de l'autre » (II Né 2:16). Il s'agit des deux arbres du Paradis pris pour les symboles de la double postulation.

S'il y a de l'ironie dans le *Livre de Moïse*, elle se situe en cet effet inattendu du projet de Satan : au lieu d'annuler l'opposition, il la renforce et illustre. Il la renforce par cela qu'il rend tangible le contraste qui était latent entre le Christ (le véritable Fils, comme le Père le souligne) et Satan. Et il l'illustre dans la mesure où c'est un secret désir d'opposition (au Père d'abord, mais peut-être aussi au Fils) qui a poussé à la candidature. La puissance du réel fait qu'il n'y a de manœuvre qui ne doive en tenir compte. Le bien ne saurait, par effet d'une envolée idéaliste, négliger la loi de l'opposition car non seulement il échouerait lamentablement, mais il provoquerait par retour un regain du mal. Il est évident que la réciproque est vraie : un excès dans le mal amène un regain du bien. Jung a conféré à cette loi le nom d'énantiodromie qui signifie la course en sens inverse[93].

Toutefois, cette convocation de l'opposé garde un caractère mécanique et extérieur tant que les opposés ne se révèlent pas l'un dans l'autre. Non pas donc seulement que

93. Cf. Jung, *Types psychologiques*, XI, § 19.

l'un s'éprouve par contraste avec l'autre comme le doux et l'amer, mais l'un advient par l'autre, ce qui rend si précieuse l'intervention de Schelling dans le débat. Je distinguerai donc quatre états de la loi de l'opposition en commençant par l'inférieur :

1/ *La coexistence des contraires.* Elle consiste dans le simple fait que les choses sont mêlées. L'idée n'est pas absente du propos de Léhi, mais c'est Giordano Bruno qui lui fait un sort : « Nulle chose n'est pure et simple (...) ; toutes les choses sont faites de contraires ; et de cette composition, qui est au sein des choses, il résulte que les affections qui nous y attachent ne nous conduisent jamais à aucune délectation qui ne soit mêlée de quelque amertume »[94]. On reconnaît l'axiome de Léhi et son deuxième corollaire avec cette variante que pour Léhi il est bon et impératif que les choses soient soumises à la composition, ce qui modifie toute la perspective. De son côté, Bruno incline à la région moyenne où les extrêmes s'annulent[95].

2/ *La détermination réciproque des contraires par voie négative.* Le même Bruno poursuit : « Je vais plus loin : si l'amertume n'était dans les choses, la délectation n'y serait non plus, attendu que la fatigue fait que nous trouvons délectation au repos ». Ce n'est pas par lui-même qu'un terme se fait sentir à l'autre, mais seulement par son absence. Ce qui rejoint la théorie du moindre degré. Bruno se risque ici à introduire la notion de causalité : « Si nous regardons bien, nous trouvons toujours qu'un contraire est cause que l'autre contraire éveille le désir, et qu'il plaît ». Mais cette loi des contrastes n'exprime qu'une causalité par défaut, ce que le premier corollaire de l'axiome de Léhi

---

94. *Des Fureurs héroïques*, I, II, tr. P.-H. Michel, Paris, Les Belles Lettres, 1954, p. 158.
95. *Ibid.*, p. 162.

n'invite pas à admettre qui place d'emblée l'enjeu à hauteur de morale et de salut, en sorte qu'il implique la liberté.

3/ *La détermination réciproque des contraires par voie positive*. C'est ici que la causalité est active et que la loi est proprement dynamique. Une chose est éprouvée *dans* son opposé ; par exemple, « on savoure le délice du non-être dans l'être et le délice de l'être dans le non-être » (X, 267). L'essentiel pour Léhi est que l'axiome doit assurer à la liberté son assise. Sans dualité pas de choix ; et sans dualité d'opposition, par de choix éthique et religieux, car il n'y a en cette affaire d'option d'un terme que *contre* l'autre, ce que Schelling a parfaitement perçu pour qui la lutte est le ressort de la vie si bien que le mal doit être éveillé afin d'être surmonté (VII, p. 400), pour qui également la volonté divine de se révéler (qui est par là même décision de créer) ne serait pas *vivante* si ne s'y opposait, en Dieu même, une volonté contractile (VII, p. 396).

C'est grâce à cette polarité que l'étincelle de la vie se communique à tout l'être. Le deuxième corollaire rejaillit sur l'axiome et l'explique, autorisant de le transplanter du premier état de la loi d'opposition au troisième. Mais la théorie de Schelling comprend un élément supplémentaire, ce pour quoi il est indiqué de considérer un quatrième état de la loi d'opposition.

4/ *La détermination réciproque des contraires par voie positive comme révélation de chacun*. Léhi suppose connus le bien et le mal, ce qui ne va pas sans problème, car la frontière est floue entre eux. D'abord, ils doivent être définis — et de préférence l'un par l'autre[96]. Ensuite, il faut

96. Un bon schellingien, comme Coleridge, dira que, pour être reconnu, A devra apparaître comme non-A en sorte qu'à cet effet B

s'assurer que l'un ne se dissimule pas sous l'autre ou que l'un soit pris par inadvertance pour l'autre. Il y a encore des confusions plus subtiles dont le correctif invite à dire que le mieux est l'ennemi du bien et qui, par là, offre au bien deux ennemis, le mal et cet excès de bien qui pourrait fort bien, par involontaire énantiodromie, convoquer le mal qu'il n'est pas. Première conclusion : la considération d'une réalité implique la connaissance parfaite de son contraire[97].

Si même la réflexion de Schelling considère ces questions, le point essentiel est en amont et porte sur l'apparition du bien et du mal. L'amour exige la haine à titre d'opposé afin de devenir effectif (VII, p. 374), ce qui revient à dire qu'il demeure latent ou en puissance sans ce qui se tient en face de lui (*Gegenteil*). De fait, l'amour comme simple disposition est à peine plus que l'impuissance. Cet *à peine plus* toutefois est d'un grande valeur car levier, mais au repos, et promesse de réalisation. Mais pour la réalisation elle-même, il lui manque l'élément de la lutte, évoqué plus haut. Pour apparaître, et apparaître signifie ici être véritablement, il faut vaincre une force adverse. Or celle-ci n'est pas d'inertie, comme si le mal était un défaut de bien, un trou dans l'être, la résistance d'une matière ou la retombée de l'effort. Elle doit avoir la stature de l'en-face. La haine n'est pas l'indifférence. Elle cherche l'amour pour l'abattre, et elle serait timorée si elle ne le trouvait pas, ce pour quoi il arrive au mal de susciter le bien, non seulement *a posteriori* en raison de l'énantiodromie, mais *a priori*, pour s'accomplir lui-même en tant que mal ou gagner le degré suprême. Il est rapporté

---

devra être perçu autant que A (*Collected Letters*, Oxford, Clarendon Press, 1956-1971, V, p. 97).

97. Par exemple : « Seul peut voir le spirituel en face celui qui a d'abord connu son contraire de part en part » (*Clara*, IX, p. 38).

que Gilles de Rais, le plus grand criminel de tous les temps, a imaginé le scénario de se faire aimer des enfants dont il faisait sa proie avant de les poignarder[100]. Le mal est le lieu de la révélation du bien.

Schelling s'accorde avec Léhi pour dire qu'il ne peut y avoir sans opposition de la justice ou de la sainteté, de bien ou de mal. Ce qui suffit à dégager l'espace de la liberté et de la rétribution. Mais le philosophe va plus loin que le prophète par cela qu'il conçoit que la liberté de l'homme est l'acte par lequel le bien et le mal deviennent ce qu'ils sont dans leur effectivité. La liberté elle-même doit commencer par s'inclure dans son contraire, la nécessité, afin de devenir efficiente (WA, p. 95 ; cf. IX, p. 38).

Deuxième conclusion : Ce n'est pas seulement le choix entre deux réalités qui est en jeu, mais leur venue à l'être. Déjà par ceci que personne n'accède à soi sans éprouver une résistance. Mais il y a bien plus, car rien n'est plus étranger à l'esprit de la loi de l'opposition que l'idée d'une subjectivité immunisée. Pour que les opposés se révèlent l'un *dans l'autre,* il faut que non seulement le combat n'ait pas lieu contre l'indifférence, mais que la haine à son paroxysme, c'est-à-dire à son maximum d'auto-manifestation, soit haine de l'amour et qu'elle soit cela même qui doive être vaincu. Ce n'est pas sans raison que le Christ considère que le péché contre l'esprit ne saurait être remis. En effet, ce péché consiste à soutenir que l'Homme de Nazareth exerce ses talents de guérisseur par la force du diable. N'est-ce pas insinuer que le bien est le mal, et ce faisant, tenter de porter un coup fatal au bien ? C'est ainsi que bien et mal sont aux antipodes de la banalité et doivent s'affronter (ce dont témoignent

100. Cf. Jad Hatem, *L'Écharde du mal dans la chair de Dieu*, Paris, Cariscript, 1987, ch. III, § 7.

largement le *Livre de Mormon* et la religion qui en est issue, médiatisée par la conscience de l'opposition), sans que l'axiome de Léhi ait pris le soin de le mettre en évidence.

Dans l'équation blasphématoire *le bien est le mal*, la copule est prise dans sa valeur analytique. La même équation se retrouve sous la plume de Schelling afin d'en exprimer la teneur dialectique (qui s'insurge contre une opposition rigide entre les termes). Le premier est le second signifie qu'il en est le fondement, c'est-à-dire que le mal n'a pas de soi la puissance de se tenir dans l'être (VII, p. 342). Mais le philosophe ne formule l'équation que pour élucider le sens de la copule. L'idée elle-même, le bien comme sujet du mal, est plutôt d'inspiration thomiste. Schelling reprend l'équation à son compte dans un contexte proprement schellingien, lorsqu'il soutient que « le mal et le bien sont le même, envisagés simplement sous différents aspects, ou encore que le mal est en soi, c'est-à-dire à la racine de son identité, le bien, de même que le bien est en revanche, envisagé en sa scission ou sa non-identité, le mal » (VII, p. 400). Non pas bien entendu que ces deux réalités se laissent confondre, ni même qu'elles sont inextricablement emmêlées, mais qu'elles ne se distinguent que par la forme. Bien et mal combinent différemment la volonté particulière et la volonté universelle qui se trouvent en toutes choses. Dans le bien, la première prévaut sur la seconde, c'est l'inverse dans le mal, ce qui fait de lui une perversion au lieu d'une privation de bien. Au lieu de répéter que le froid et le chaud ne sauraient être éprouvés que dans le contraste, Schelling soutient tout autre chose, que l'un ne peut être éprouvé que parce que le corps comporte une racine de l'autre (VII, p. 400), ce qui revient à dire qu'outre que le corps est susceptible des opposés, ces derniers se composent des mêmes ingrédients, la différence étant dans l'agencement — quand bien même ce dernier serait causé par un élément venu de l'extérieur, l'autre racine (voir VII, p. 370). De l'identité dialectique du bien et du mal, Schelling tire la conséquence que celui qui n'a point en soi l'énergie du mal est également incapable du bien (VII, p. 400)[99], ce qui confirme que celui-ci n'est pas moins apte à la lutte que celui-là. Qu'on se rappelle l'avis de Luther dans son traité sur *Ceci est mon corps* : « Il faut choisir entre lutter avec le diable ou lui appartenir ».

§ 4. Dieu et l'opposition

Lorsque Léhi dit qu'il doit y avoir nécessairement opposition en toutes choses, il n'exclut personne. Tout de même que Dieu est explicitement soumis par Leibniz au principe de raison, il l'est implicitement par Léhi à la loi de l'opposition. J'ai déjà évoqué l'opposition dans la divinité qui émerge lors de la rivalité de Lucifer et du Christ qui ne fait que répercuter une rivalité entre le Père et l'insidieux candidat à la divinité. Le moment est venu de solliciter un nouvel argument. La doctrine mormone soutient l'idée de la mutabilité de Dieu. Or celle-ci ne se peut sans opposition à la fois interne et externe. S'il m'est permis d'intervenir dans une querelle qui met aux prises les théologiens mormons discutant de savoir si Dieu est devenu immuable ou est resté tributaire d'une perfection dynamique, je dirai que l'application à ce cas de l'axiome donne l'avantage à la deuxième hypothèse. Sur la nature de l'opposition *en* Dieu on peut certes laisser courir son imagination, et la concevoir par exemple de type sexuel

99. Cf. Platon, *République*, 491e. Pour Sade, c'est la sensibilité (non l'énergie) qui rend l'homme capable du bien et du mal (*Histoire de Juliette*, in Sade, *Œuvres*, III, Paris, Pléiade, 1998, p . 422).

(comme dans la Kabbale). Mais le mieux est d'interroger Schelling pour qui Dieu est issu du Non-Fond (*Ungrund*) qui, étant non-différence, n'admet pas d'opposition comme telle, ce qui n'empêche de considérer qu'il contient des principes distincts qui ne sont opposés que dans l'état manifesté (cf. VII, p. 407). Le mal, par exemple, est en veilleuse dans l'absoluité comme possibilité et ne se dresse dans l'être que pour être éternellement surmonté. Et le bien, tout aussi latent, n'advient comme tel qu'à la faveur dudit surmontement par quoi la force opposée, devenue *subposée*, est maintenue comme matière première de tout processus. Pour ne donner qu'un exemple, tiré des *Conférences de Stuttgart,* Dieu élève un des principes dont il est constitué, l'égoïsme, par-dessus l'autre, l'amour, laissant intacte la possibilité d'une création qui ne mettrait pas en péril l'existence de Dieu, puisque l'égoïsme, par cela qu'il exprime l'ipséité, doit être sauvegardé (voir VII, p. 439). Que si l'égoïsme avait dominé sur l'amour, Dieu se fût inversé et au lieu du panthéisme eût régné le pandémonisme ! C'est dans ce contexte que Schelling écrit : « Il est assurément surprenant pour le mode de considération abstraite qui est couramment en usage qu'il doive y avoir en Dieu un principe non-divin, sans conscience, moindre que Dieu lui-même. Qui se représente Dieu comme une identité vide ne pourra évidemment le comprendre. La preuve de la nécessité de cette hypothèse se trouve dans *la loi fondamentale de l'opposition.* Sans opposition, point de vie, que ce soit dans l'homme ou dans tout existant en général » (VII, p. 435).

L'Absolu doit donc lui-même encourir la séparation et la contradiction pour pouvoir agir (VIII, p. 219), ce qui ne va pas évidemment sans souffrance (WA, p. 40), afin que la vie fasse son éclatante apparition, ce qui ne va pas sans angoisse (WA, p. 57). Mais le Dieu schellingien aspire à travers l'histoire à être tout en tout (VII, p. 408), en sorte que tous les conflits soient apaisés, y compris celui que sa dualité interne a produit. L'angoisse même doit être surmontée (VIII, p. 268). Si l'opposition est un fait de l'être, comme l'affirme Léhi, il est explicable qu'aucun accomplissement ne saurait y mettre un terme. Que si elle était un ressort de la révélation, comme l'enseigne Schelling, on admettra sans difficulté qu'on est en droit d'espérer qu'elle perdra de son acuité à mesure que le mystère sera élucidé. « Toute opposition n'est qu'apparente, avait précisé le *Discours sur le rapport des arts plastiques avec la nature,* ajoutant : l'amour est le lien de tous les êtres » (VII, p. 316). Selon *Les Recherches sur la liberté humaine* l'amour est destiné à régner : « Le Non-Fond ne se partage en deux commencements également éternels qu'afin que ces deux [principes] qui en lui, à titre de Non-Fond, ne pouvaient être en même temps ou ne faire qu'un, s'unissent grâce à l'amour, autrement dit, il ne se partage qu'afin qu'il y ait vie, amour et existence personnelle » (VII, p. 408). On aura compris que la haine doit au préalable être manifestée. Or de cela Dieu n'est pas directement capable. L'homme est créé à ce dessein car, d'entre tous les êtres, lui seul détient le pouvoir du bien et du mal. Impuissance relative de Dieu, mais combien rassurante ! Sur la scission et l'aspiration à l'union, le jeune Schelling de l'*Introduction à l'Esquisse d'un système de philosophie de la nature,* a tracé des lignes inspirées. Bien qu'elles concernent la nature, j'ose penser qu'elles valent autant pour Dieu et pour la loi fondamentale de l'opposition : « La Nature est la *bête la plus paresseuse* et elle exècre la séparation, car c'est celle-ci uniquement qui la contraint à l'activité ; elle n'est active que pour se débarrasser de cette contrainte. Les opposés doivent se fuir éternellement pour se chercher éternellement, et se chercher éternellement pour ne se trouver jamais.

Seulement dans *cette* contradiction réside le fondement de l'activité de toute la nature » (III, p. 325).

CHAPITRE V

SOLOVIEV ET *LES RECHERCHES SUR LA LIBERTÉ HUMAINE*

Soloviev n'a jamais caché son admiration pour Schelling, rangé à l'occasion, avec Aristote, parmi ceux qui détiennent la vérité[100], comparé même, suprême honneur à mon sens, à Maxime le Confesseur[101]. On lit dans la *Justification du bien* : « Pour concevoir par la foi la vérité de ces dogmes, il faut déjà être chrétien ; pour saisir leur sens dans la sphère des abstractions rationnelles, il faut être un philosophe de l'école de Platon et de Schelling »[102]. En réalité, il y allait de plus que de l'admiration, et même de plus que d'une simple influence. Ici et là on décèle une véritable imprégnation. Ludolf Müller a recensé ce qu'on pourrait appeler plusieurs réminiscences schellingiennes dans l'œuvre du Russe[103].

Références sont faites à l'œuvre de Schelling tout au long de sa carrière[104]. L'essai de 1809 est mentionné dans

---

100. Soloviev, *La Sophia et les autres écrits en français*, l'Age d'homme, Lausanne, 1981, p. 14.
101. Soloviev, *Werke* VIII, Freiburg-in-Brisgau, 1966, p. 323.
102. Soloviev, *La Justification du bien*, tr. fr. Aubier, Paris, 1939, p. 7.
103. « Schellings Einfluss in Russland : Sergéj A. Júrjev und Vladímir S. Solovjév », in *Archiv für Philosophie*, III, (49), p. 65sv.
104. Cf. Soloviev, *La Crise de la philosophie occidentale*, tr. M. Herman, Aubier, Paris, 1947, p. 199-203. Allusions à la philosophie

l'article sur la liberté de la volonté que Soloviev écrit pour le *Lexikon Brockhauss-Ephron* (1891-1900). Il y dit que la théorie schellingienne de la liberté est trop étroitement rattachée à sa philosophie pour être examinée dans ce cadre[107]. Ailleurs, il signale la filiation de Schelling par rapport à Kant pour ce qui touche le sujet de la liberté[108].

J'entends verser, avec la présente étude, une nouvelle pièce au dossier de la notoire influence de l'Allemand sur le Russe. Mais ici je risquerai volontiers le terme de démarquage[109].

En lisant les *Fondements spirituels de la vie* de Soloviev, je suis tombé sur une page qui m'a paru provenir des *Recherches*. Voici d'abord le texte du Russe. J'y ai inséré des chiffres qui faciliteront le travail de la comparaison.

> I. « Ce caractère, insistant en tout sur l'élément subjectif (1), peut être, de la même façon, ou un très grand bien, ou un très grand mal (2) ; car, si la force personnelle est un mal et la racine (3) du mal, quand elle s'affirme en un particularisme (4), cette même force, soumise au principe suprême, ce même foyer pénétré d'une lumière divine (6), devient une puissance d'amour universel (7) qui embrasse le monde. Sans la force d'une personnalité qui s'affirme, d'un « moi » conscient, les meilleures qualités de l'homme apparaissent comme débiles (8) et froides, ne

---

positive de Schelling dans *Werke*, VI, p. 272, 289. Soloviev a également été inspiré par la *Philosophie de la mythologie*.

107. *Werke*, VI.

108. *Werke*, I, p. 21.

109. L. Müller (*art. cit.*, p. 72) signale que Soloviev ne cite pas toujours sa source. Il propose (p. 77-78) un passage du *Clara* de Schelling (IX, p. 36) comme exemple de texte fondateur pour l'éthique de Soloviev.

sont qu'une idée abstraite. Tout caractère actif (9) et moral présuppose une force de mal (10), de l'égoïsme, mais domptée (11). Tout comme, dans le monde physique, une force doit, pour devenir énergie, consommer ou transformer en sa propre forme une qualité correspondante d'énergie antérieure, (p. ex. la chaleur (12) se transformant en lumière, le mouvement mécanique en chaleur) ainsi, dans le monde moral de l'homme tombé sous l'ordre de la nature, la possibilité du bien, que recèle son âme, ne peut se manifester qu'après avoir consommé ou transformé en soi l'énergie antérieure de l'âme. Or, cette énergie dans l'homme naturel, c'est l'énergie de la volonté qui s'affirme, l'énergie du mal (10) ; c'est elle qui doit être réduite en puissance (13) pour que la nouvelle force du bien, au contraire, passe de la puissance (13) à l'acte (9). Le bien essentiel est un don divin, mais, pour qu'il se manifeste effectivement en l'homme, il faut que la volonté personnelle (4), qui tend à s'affirmer elle-même, soit transformée par un effort, qu'elle soit domptée, surmontée (11) et ramenée à l'état de puissance (13). C'est ainsi que chez un Saint le bien en acte (9) suppose le mal en puissance (13) : l'homme s'élève si haut en sainteté, parce qu'il aurait pu, aussi, être grand dans le mal ; il a surmonté (11) cette force de mal, il l'a soumise (11) au principe suprême (14), cette force est devenue un fondement (15) du bien »[108].

Et voici le passage de Schelling :

II. *« Car le mal ne peut jamais apparaître que dans la volonté la plus intime du cœur de chacun (1), et*

---

108. Soloviev, *Les Fondements spirituels de la vie*, tr. fr. Casterman, 1948, 111-112.

il n'est jamais accompli sans un acte propre. La sollicitation du fond ou la réaction contre le sur-créaturel se borne à éveiller le désir du créaturel ou la volonté propre (4), mais elle ne l'éveille qu'afin que soit présent un fond indépendant du bien, et qu'il soit dominé (11) et pénétré par le bien (6). En effet ce n'est pas en soi l'éveil de l'ipséité qui est le mal, mais elle ne devient telle que dans la mesure où elle s'est entièrement arrachée à son opposé, la lumière ou la volonté-universelle. Or c'est le fait de se détacher ainsi du bien qui constitue d'abord le péché. L'ipséité activée (9) est nécessaire à l'acuité de la vie. Sans elle ce serait la mort complète (8), la mise en sommeil du bien. Car là où il n'y a pas lutte (8), il n'y a pas de vie. Ce que veut le fond, c'est donc simplement éveiller la vie, non le mal immédiatement et en soi. Quand la volonté de l'homme inclut, avec l'amour, l'ipséité activée (9), et la subordonne (11) à la lumière ou à la volonté-universelle (7,14), il en résulte alors le bien en acte (9), rendu sensible par l'acuité qui est en lui. Dans le bien la réaction du fond est donc à l'œuvre en vue du bien, et dans le mal en vue du mal, comme le dit l'Écriture : « Avec le pieux tu te montres pieux, avec le pervers tu te montres pervers » [Ps, XVIII, 26-27]/ un bien sans ipséité active (9) est lui-même un bien inefficace (8). Cela même qui devient mal par la volonté de la créature (quand elle se détache entièrement afin d'être pour soi) est en soi-même le bien tant qu'il demeure pris dans le bien et qu'il reste dans le fond (15). Seule l'ipséité surmontée (11), c'est-à-dire reconduite de l'activité à la potentialité (13), est le bien, et elle s'y maintient toujours, selon la puissance, en tant que dominée (11) par lui. Si le froid n'était pas enraciné dans le corps, celui-ci ne pourrait jamais sentir la chaleur (12). Il est impossible de penser chacune pour soi une force (5) attractive et une force (5) répulsive, car sur quoi la répulsion devrait-elle s'exercer si l'attraction ne lui procurait un objet, et sur quoi s'exercerait l'attraction, si elle ne possédait en même temps en soi-même un élément répulsif ? C'est pourquoi l'on peut dire en toute rigueur, de manière dialectique, que le mal et le bien sont le même, envisagé simplement sous différents aspects (2), ou encore que le mal est en soi, c'est-à-dire à la racine (3) de son identité, le bien, de même que le bien est, en revanche, envisagé en sa scission ou sa non-identité, le mal (2). C'est pour cette même raison qu'est tout à fait exacte la formule selon laquelle celui qui n'a point en soi l'étoffe ni l'énergie du mal (10), est également incapable du bien, ce dont nous avons eu suffisamment d'exemples ces derniers temps. Les passions contre lesquelles part en guerre notre morale négative (8), sont des forces (5) dont chacune a une racine commune avec la vertu qui lui correspond. L'âme de toute haine est amour, et ce qui se manifeste dans la plus violente colère, ce n'est guère que le calme qui a été troublé et excité en son centre le plus intime» (VII, p. 399-400).

Bien que leurs contextes soient différents (Soloviev traite du judaïsme, Schelling rapporte la dialectique du bien et du mal à la personnalité de Dieu), l'idée, l'argumentation et ses termes ont un indéniable air de parenté.

Pour nos deux auteurs, étant la racine commune du bien et du mal, l'énergie ne saurait passer pour simplement mauvaise, sinon comme égoïsme. C'est la même force qui est à l'œuvre dans le bien lorsque l'égoïté est surmontée, c'est-à-dire ramenée à la puissance. Par contre, un bien sans force relève, dans sa débilité, d'une morale négative. Schelling cite Hamann : « Si les passions sont membres de scandale, cessent-elles pour autant d'être des armes de virilité ? » (VII, p. 401).

Nos penseurs exposent l'idée dans une même dialectique étayée par le concept de personne dotée de deux pôles (l'universel et le particulier) et, selon que l'accent porte exclusivement sur l'un ou l'autre, l'égoïté peut être potentiée ou actualisée[109].

La tâche est aisée de rapprocher les formules et termes analogues voire identiques, y compris l'exemple tiré de la physique ! On peut se livrer à une rapide comparaison en examinant mots et segments suivis des mêmes chiffres, entre autres : actif (9), puissance (13), surmonter (11), fondement (15). Deux phrases où les termes diffèrent disent exactement la même chose : « Pour que le bien se manifeste effectivement en l'homme, il faut que la volonté personnelle, qui tend à s'affirmer elle-même, soit transformée par un effort, qu'elle soit domptée, surmontée et ramenée à l'état de puissance ». « *Quand la volonté de l'homme inclut, avec l'amour, l'ipséité activée, et la subordonne à la lumière ou à la volonté-universelle, il en résulte lors le bien en acte, rendu sensible par l'acuité qui est en lui* ».

Si le mot égoïsme n'apparaît pas dans le texte de l'Allemand, il est partout sous-entendu. L'ipséité (*Selbstheit*) activée devient égoïste dès qu'elle se veut « finité érigée en être-soi » (*Selbstsein*) (VII, p. 370n). C'est sur ce point qu'on peut faire état d'une nuance défective chez Soloviev. Le mot *particularisme* (4) manque de précision car il pourrait n'envelopper que l'idée d'ipséité (et dans ce cas, les deux auteurs seraient en désaccord car ce n'est pas l'ipséité qui est en soi mauvaise

109. Voir un écho de la confrontation de la volonté particulière et de la volonté universelle dans *Les Leçons sur la divino-humanité*, IX.

selon Schelling), à moins que le suffixe désigne le mouvement de tout ramener à soi.

Entre les deux textes subsiste une différence de ton et de traitement : le développement schellingien repose sur une théologie absente du passage de Soloviev. Certes tous deux sont fortement inspirés par la Bible, mais Soloviev recule souvent devant la question de l'origine et de la nature ontologique du mal. La *Justification du bien* l'ignore[110], et les *Trois entretiens* qui en font leur point de départ ont préféré traiter de la falsification du bien[111].

Mais bien qu'il suppose à Dieu plus de transcendance que Schelling, et qu'il reprenne partiellement à son compte la *privatio boni* formellement récusée par l'Allemand, certaines échappées gnosticisantes laissent entrevoir un rapport avec la théodicée du maître. Une page de *la Russie et l'Église universelle* est éclairante à cet égard.

« Dans les deux premières qualités essentielles de la Divinité, Dieu pourrait se borner à sa manifestation immanente, au jeu éternel de Sa Sagesse ; comme tout-puissant, comme juste et vrai, Il pourrait bien se contenter de triompher en soi sur l'existence anarchique dans la certitude intérieure de Sa supériorité absolue. Mais cela ne suffit pas à la grâce et à la bonté. Dans cette troisième qualité la Sagesse divine ne peut pas se complaire en un objet purement idéal, elle ne peut pas s'arrêter à une réalisation seulement possible, à un simple jeu. Si dans sa puissance et sa vérité *Dieu est tout*, Il veut dans son amour

110. En conclusion (p. 473) Soloviev énonce : « La question de l'origine du mal est purement intellectuelle et ne peut être résolue que par la vraie métaphysique, laquelle, à son tour, présuppose la solution de la question de la nature, de la certitude et des moyens de connaissance de la vérité ».

111. Soloviev, *Trois entretiens sur la guerre, la morale et la religion*, tr. fr. O.E.I.L., Paris, 1984, p. 27. Sur la falsification du bien dans le *Traité*, cf. VII, p. 390.

que *tout soit Dieu*. Il veut qu'il ait en dehors de Lui-même une autre nature qui devienne progressivement ce qu'Il est de toute éternité — le tout absolu. Pour arriver elle-même à la totalité divine, pour entrer avec Dieu dans un rapport libre et réciproque, cette nature doit être séparée de Dieu et en même temps unie à Lui. Séparée par sa base réelle qui est la Terre, et unie par son sommet idéal qui est l'Homme. C'est surtout dans la vision de la terre et de l'homme que la Sagesse éternelle déployait son jeu devant le Dieu de l'avenir : *mesakhegeth bethebél artso, veshahashouhaï eth bené Adam*.

Nous savons que la possibilité de l'existence chaotique, éternellement contenue en Dieu, est éternellement supprimée par Sa puissance, condamnée par Sa vérité, absorbée par Sa grâce. Mais Dieu prise le chaos dans son néant et Il veut qu'il existe, car Il saura ramener à l'unité l'existence rebelle, Il saura remplir de sa vie abondante le vide infini. Dieu donne donc la liberté au chaos. Il s'abstient de réagir contre lui par sa toute-puissance dans le premier acte de l'Etre divin, dans l'élément du Père, et fait sortir par là le monde de son néant.

Si l'on ne veut pas renier l'idée même de la Divinité, on ne saurait admettre en dehors de Dieu une existence en soi, réelle et positive. L'extra-divin ne peut donc être autre chose que le divin *transposé* ou *renversé*. Et c'est ce que nous voyons avant tout dans les formes spécifiques de l'existence finie qui séparent notre monde de Dieu. Ce monde en effet est constitué en dehors de Dieu par les formes de l'étendue, du temps et de la causalité mécanique. Mais ces trois conditions ne sont rien de réel et de positif, elles ne sont qu'une négation et une transposition de l'existence divine dans ses catégories principales »[112].

---

112. In *la Sophia*, p. 252.

Le chaos en Dieu correspond chez Schelling à ce qui en Dieu n'est pas Dieu (VII, p. 369), le principe de production de la nature (VII, p. 359-361) ; et ce qui deviendra la nature (VII, p. 359)[113]. Le Dieu de Schelling laisse agir le fond (VII, p. 375), comme celui de Soloviev donne liberté au chaos afin que « tout soit Dieu » (Soloviev), ou que « Dieu soit tout en tout » (Schelling) (VII, p. 404-405). Et cela *par* « amour » (Soloviev), ou mieux : *pour* « l'amour qui est tout en tout » (Schelling) (VII, p. 408). Pour tous deux, l'homme est le médiateur de l'unité divine et le centre de la révélation (VII, p. 363). Même la formule soloviévienne du « divin renversé » se retrouve chez Schelling quoique dans un sens différent (VII, p. 390), de même l'allusion à la Sagesse de Dieu (VII, p. 398). Quant au thème du divin *transposé* ou *renversé,* il appartient à la philosophie positive.

À l'exclusion donc du développement métaphysique, dont l'équivalent se trouve ailleurs, Soloviev a condensé dans les *Fondements spirituels de la vie* une page des *Recherches sur la liberté humaine*. Toutefois, il s'est laissé distancier par Coleridge qui s'est approprié, dans sa *Biographia Literaria*, plusieurs pages du *Système de l'idéalisme transcendantal* qu'il s'est contenté de traduire[114]. Le plagiat (quasi *verbatim*) n'en est pas moins patent dans le cas de Soloviev.

113. Dieu ordonna les fruits désordonnés du *chaos* (VII, p. 402).

114. Cf. Gabriel Marcel, *Coleridge et Schelling*, Paris, Aubier, 1970, p. 244-245.

APPENDICE

L'ÉCRITURE COMME HISTOIRE DU COSMOS

I

Les Recherches sur l'essence de la liberté humaine ont introduit dans la philosophie de leur auteur le procédé anthropomorphique qui permet d'intuitionner l'évolution de l'être originaire par analogie avec celle de l'homme. Ce n'est donc pas à la phylogenèse qu'est mise l'ontogenèse en correspondance mais, avec plus d'audace, à la théogonie.

Exemple pour expliquer ce qu'est le fondement de Dieu : « Si nous voulons rapprocher de nous cet être en usant de termes humains, nous pouvons nous exprimer ainsi : il est le désirement qu'éprouve l'éternellement Un de s'enfanter soi-même » (VII, p. 359).

Élargissement de la formule de l'inconscient en Dieu : « Toute naissance est naissance des ténèbres (...). C'est dans le sein maternel que l'homme se forme ; c'est de l'obscurité de ce qui est sans entendement (du sentiment, du désir, cette origine souveraine de la connaissance) que naissent les pensées lumineuses » (VII, p. 360).

Illustration de l'action dissociante du Verbe divin lors de la création : « ...de même que chez l'homme la lumière ne pénètre en l'obscur désir de créer quelque chose que si, dans la multiplicité chaotique des pensées qui toutes s'enchaînent, mais dont chacune empêche l'autre de s'avancer à découvert, les pensées se scindent, et si se lève du fond où elle demeurait secrètement sous-jacente, l'unité qui maintenant les comprend et les domine toutes » (VII, p. 361).

On notera que Schelling, fort de sa philosophie de la nature, a également recours à l'analogie naturaliste, souvent d'ailleurs en compagnie de l'anthropologique. C'est qu'il existe une solidarité entre la genèse divine et celle du monde. L'univers est l'effet de l'auto-révélation et de l'auto-constitution de Dieu ou, dit autrement, mais avec un sensible changement d'accent, Dieu se détermine et déploie afin de produire l'univers. Ce qui revient à mettre en équivalence l'ontogenèse et la cosmogenèse. En témoigne le passage qui ouvre le livre du Passé dans les *Âges du monde* : « En admettant que la vieille proposition dont on a tant abusé et d'après laquelle l'homme serait le monde en miniature, soit vraie, il en résultera que les processus de la vie humaine doivent tous, depuis les plus profonds jusqu'aux plus sublimes et aux plus parfaits, correspondre aux processus de la vie générale. Il est certain que celui qui serait à même d'écrire l'histoire de sa propre vie, depuis les couches les plus profondes, écrirait en même temps une histoire brève et résumée du cosmos. Mais beaucoup se détournent des régions cachées de leur propre vie intérieure, comme ils se détournent des profondeurs de la vie universelle ; ils craignent de jeter un regard sur les abîmes du passé qui ne leur apparaît que trop comme étant encore leur présent » (VIII, p. 207-208)[115].

Il existe donc une connivence entre l'examen de la vie intérieure et la remontée vers le passé. Le présent est généralement tourné vers les choses extérieures sans égard pour les motivations car l'esprit est mobilisé par la dimension pratique et l'attente. Il y a pourtant des archéologues de l'homme comme il y en a de la nature et de Dieu. Ce que le philosophe omet de dire ici, c'est que la connaissance de soi ne prend figure que comme réponse à une épreuve et dans un écart senti entre l'être et l'être-devenu. C'est qu'il a répété que le passé lui-même naît à la faveur d'une position qui détermine la conscience (cf. VIII, p. 262).

L'intuition de Schelling ne se réduit pas au topos de l'homme microcosme, car il s'agit de genèse et non seulement de représentation. Et dans la mesure où c'est le genre de l'autobiographie qui a été convoqué, la part allouée au psychisme dans l'analogie doit être prévalente. C'est dire que Schelling va à contre-courant du propos de Ritter qu'il a pu lire au moment de la rédaction *des Âges du monde* : « La terre est l'homme même. La description physique, chimique ou autre de la terre tourne à la description de l'homme, l'histoire de la terre devient celle de l'homme. Le schéma physiologique de l'individu est le schéma physiologique de la terre. Le monde entier doit se retrouver dans l'homme *en miniature* »[116]. Plutôt qu'à l'anthropomorphisme schellingien assumé (théologique ou cosmologique) qui fait Dieu et le cosmos se comporter

---

115. *Les Âges du monde*, tr. S. Jankélévitch, Paris, Aubier, 1949, p. 19-20. Chez Borges, la proposition prend forme d'impératif lorsqu'il évoque des sectes qui « soutinrent que l'histoire du monde doit s'accomplir en chaque homme » (*Les Théologiens*, in *L'Aleph*).

116. Johann Wilhelm Ritter, *Fragmente aus dem Nachlasse eines jungen Physikers*, Heidelberg, 1810, II, § 420.

comme l'homme, on assiste à un géomorphisme qui fait l'homme se comporter comme la terre. Il importe donc au plus haut point de savoir préalablement à toute mise en correspondance de l'homme et du cosmos, non pas qui est premier mais comment, humainement ou pas, l'on agit et grandit.

II

Ces réflexions de Schelling ont retenu l'attention du romancier Daniel Cohen et lui ont suggéré qu'un événement de sa vie, la relation d'un voyage à Berlin, est susceptible de prendre valeur signifiante dans l'histoire de l'univers : « Amusons-nous en ou épouvantons-nous ; réaménageons le sens et la place de l'universel dans nos actes ou bénissons le lien cosmique qui va du geste humain à la masse gazeuse galactique, il est bien délectable de croire que je résumerai le cosmos »[119]. Autrement dit une relation d'écho, le tout dans le fragment, ou l'infini dans le fini, mais de telle façon que l'acte du singulier prenne rang dans le champ de l'universel. Voici qui explique le recours de Cohen au récit autobiographique qui d'un coup d'aile survole son propre jour. Le cycle intitulé *Eaux dérobées* comprend la *Lettre à une amie allemande*, *Psoas, Où tes traces*… et, à paraître, *Devant Pluton*. Les vers d'André Frénaud cités en épigraphe explicative :

> « Tu nous as parcourus,
> Grand Proscrit, tu nous sauves.
> Par nos avoirs perdus
> Où tes traces demeurent »

---

119. *Lettre à une amie allemande*, Paris, L'Harmattan, 2000, p. 13.

convient, dès lors qu'on les lit dans le contexte du poème dont ils sont issus, *Exhortation d'un prédicant au désert*, à tenir les traces non pour celles de l'écrivain qui s'est approprié les vers, ou même de son amant disparu, mais d'abord et essentiellement pour celles du Christ, cet universel-singulier agissant dans les individus.

Cohen ne s'est pas contenté de reprendre à son compte l'idée de Schelling, il lui a également conféré une extension maximale. « Je crois qu'il n'est de vie d'homme qui ne reprenne — à son aune, à son échelle, à sa mesure — l'immense symphonie de mots fixés par les littératures, comme il n'est de vie d'homme qui ne soit l'univers en son entier ; il me plaît de répéter ici des mots que j'ai cités ailleurs ; ils sont de Schelling, dans les *Âges du monde* : "Celui qui serait à même d'écrire l'histoire de sa propre vie écrirait, en même temps, une histoire brève et résumée du cosmos". Or il n'est, à mon sens, de fable, de poème, d'essai, de récit, de narration, en un mot *tout écrit*, qui n'y participe »[120].

On observe à la fois une réduction et une amplification. Les deux fois où Cohen cite la sentence de Schelling, il l'ampute du segment : « depuis les couches les plus profondes » comme s'il était disposé à négliger la région primitive, ou à tout le moins inconsciente, à laquelle une phénoménologie de l'imperceptible serait à même de donner parole et consistance. Je ne le crois pas, bien que l'intelligence des faits et des personnes qui est à l'œuvre dans ses textes autobiographiques privilégie conscience et réflexivité. Je vois une amplification dans l'affirmation que ce n'est pas seulement l'autobiographie qui est à même de restituer le mouvement du monde. Même le geste qui ne participe pas de la narration se trouve convoqué par

---

120 Postface à Bettina L. Knapp, *L'Écrivain et la danse*, tr. D. Cohen, Paris, L'Harmattan, 2002, p. 250.

Cohen. On le comprend aisément du poème lyrique dans la mesure où il peut passer pour une confession de l'auteur ; qu'en est-il de l'essai soumis qu'il est au devoir d'objectivité ? Mais il n'y a d'objectivité qui ne fut d'abord objectivation, c'est-à-dire une extériorisation. Ainsi ce qui paraît le plus lointain, ayant conquis des droits à l'universalité demeure proche dans sa clef secrète. On dira même : d'autant plus accentuée l'objectivation, mieux le propos pourra réfléchir le Soi de chacun comme étant le Soi de tous, la raison de l'auteur comme étant celle de tous. Comment ne pas donner raison à Cohen disant : « L'écriture fait ressortir notre irréformable subjectivité »[121] ? Irréformable au sens d'inaliénable et de persistante, subjectivité dont on ne parvient pas à prendre congé, mais non incapable de prendre consistance et de passer d'une forme à l'autre. Le roman de formation comme découverte de la formation de l'univers, comme passage du chaos à l'ordre, du sans-entendement à la raison.

III

En manière de vérification de la reformulation cohénienne de l'idée schellingienne, je propose de recourir à certaines propositions de *D'humaines conciliations*[122].

Le lecteur apprend d'emblée que le titre de Cohen, pris d'un poème de Wallace Stevens, est aussi celui d'un livre d'art, d'histoire et d'analyse littéraire composé par le personnage principal du roman, Nal von Schwartzenberg.

---

121. *Où tes traces...*, Paris, L'Harmattan, 2001, p. 147.

122. Daniel Cohen, *D'humaines conciliations*, Paris, L'Harmattan, 2000. J'ai consacré au roman une étude (J. Hatem, *La Femme nodale. Thomas Mann et Daniel Cohen*, Paris, L'Harmattan, 2003).

Or en dépit du caractère neutre de l'ouvrage — « Rien qui vînt des entrailles, rien qui brisât la coupe réglée des habitudes, rien qui vous rendît étranger, qui associât et le créateur et la créature en vous » (p. 2-3) —, ou en raison même de cette distance, l'entreprise a affaire avec le débat avec la mère : « L'expérience de l'écriture tuait-elle la mère en lui — gouffre de repentirs, de hontes, de vomissements — dans cette part de soi où les autres posent leur folie ? » (p. 2). L'écriture comme redoublement et conjuration de l'inceste parce qu'elle joue avec la remontée vers l'origine. Le livre de Nal exhibe son « exception incestueuse » (p. 12), mais Cohen s'empresse d'ajouter que toute la littérature en porte la trace depuis trois millénaires (p. 12). Naissance dans l'abîme puisque, comme dit Cohen, l'écriture est une « vierge noire » (p. 147). « Il montait à l'envers, pierre sur pierre, un édifice » (p. 2). Pourquoi à l'envers ? Du sommet vers la base, autrement dit au rebours du chemin que la vie a prise. Écriture comme réflexion et ressentiment. La poésie redébite chaque matin le monde (p. 303-304). Mais l'écriture n'explique pas comme la vie. « Vanités si l'on prétend évoquer la vie d'un homme, ses radiances, ses ombres » (p. 31), quand bien même, et peut-être d'autant plus, s'il s'agit de la sienne.

Mais comment alors, au lieu de simplement restituer le monde à partir d'un angle, le donner à naître ? L'idéalisme transcendantal rejoint tôt ou tard l'affirmation suivant laquelle la subjectivité est l'origine du monde. Mais si chaque perspective sur l'être est un monde, alors l'écriture répète cette genèse et d'abord lorsqu'elle tente de rejoindre le décret initial qui lui a donné d'envahir le champ de la conscience d'un individu. Mais elle ne la répète pas à l'identique comme par effet de miroir. Pour être plus précis, le traitement de la matière se fait selon les genres littéraires. L'autobiographie, le genre évoqué exclusivement par Schelling puisqu'il en en vue la récapitulation humaine[123], vise à reproduire la naissance du monde tel que vécu et représenté par le moi de l'écrivain en tenant compte en permanence du complément et de la vérification qu'apporte la réalité extérieure, l'objectivité sur laquelle le sujet n'a pas prise et qui configure la situation dans laquelle il apparaît et où il se trouve pris. Or il n'en va pas de même pour le roman où la part allouée à l'imaginaire (et donc au jeu) est forcément plus importante. Quelle que soit la part de réminiscence qui s'y active, il compose le vécu avec le désiré, et donne consistance à ce qui est craint autant qu'à ce qui se passe. Autrement dit, le monde que le roman tire des limbes, pour être également une perspective sur l'être, n'en complique pas moins ce dernier devenu à la fois réel et virtuel, programmatique et pensé. Que si l'on considère divers types d'écriture romanesque, on distingue le roman doté d'une seule perspective sur l'être, d'autres qui bénéficiant de plusieurs proposent un croisement et un échange de mondes. Certes, toute pluralité de personnages implique une pluralité de mondes, mais tout roman n'oblige pas à cette plasticité suprême qui multiplie les centres non afin de les ranger les uns à côté des autres selon un ordre de procession, mais en vue de faire l'une se pénétrer de la perspective de l'autre dans la réciprocité des attentions en sorte que se révèlent en majesté quelques-unes des innombrables faces de l'être. Le monde de chacun dont le roman entreprend de narrer la genèse est de soi infini, mais

123. « Comment pourrait-il, seul entre toutes les créatures, remonter jusqu'au commencement des temps s'il ne portait pas en lui-même un principe du commencement des temps ? Créé à la même source des choses et semblable à cette source, l'âme humaine participe de la science de la création » (*Les Âges du monde*, VIII, p. 200 ; tr. p. 10).

d'autant plus s'il se fait multilatéral, quand bien même dans l'opposition.

Il est digne de remarque que la dualité des principes de la subjectivité observée par Schelling pour expliquer le processus conjoint de la mémoire et de la science (VIII, p. 200-201), est susceptible d'être mobilisée en vue d'expliquer la production romanesque dans la mesure où elle a lieu moyennant le concours d'une faculté consciente et d'une faculté inconsciente, d'un pouvoir de convergence et d'un pouvoir de dissociation, ou séparation de soi-même (on dira également de dramatisation), s'il est vrai que la nature humaine, comme on l'a vu, parce que soumise à l'angoisse et à la contradiction, cherche la conciliation (cf. VIII, p. 265).

La disparité entre genres n'interdit pas de trouver un point commun. Quand Proust hésite dans la qualification de Jean Santeuil : « Puis-je appeler ce livre un roman ? », il n'entend pas lui dénier ce statut pour cause de recours à sa vie comme matière première, car il ajoute : « C'est moins peut-être et bien plus, l'essence de ma vie recueillie sans y rien mêler, dans ces heures de déchirure où elle découle ». C'est dire que ce qui a été saisi est l'idée même de sa vie comme signe de la pleine concrétude de l'ipséité. Il n'est pas impensable que ce que Schelling a en vue sous le titre d'autobiographie emprunte à l'art romanesque, car c'est à ce dernier que s'applique de façon privilégiée ce qu'il dit de tout être qu'il se doit de connaître sa propre profondeur, ce qui ne se peut sans souffrance (VIII, p. 335). C'est pourquoi Dieu se laisse comparer à un romancier, guère à un autobiographe car ce qu'il raconte de soi, il le dit dans une matière étrangère et s'avance masqué, ironiquement. La conscience gagnée par l'exercice passe par le jeu d'identification et d'exclusion : je suis un autre et l'autre n'est pas moi.

IV

Que si l'écriture consiste dans un auto-accroissement de la conscience du monde, une naissance à soi du monde tel que vécu, elle ne saisit pour autant son contour que dans une sorte de complicité entre les autres et soi. La trame du monde est faite du dialogue entre hommes, ses lecteurs.

Que l'homme soit esprit implique qu'il y a réciprocité entre la connaissance de toutes choses par le sujet et celle que les choses ont d'elles-mêmes par la médiation du sujet. Quelles l'écriture révèle-t-elle ? Si elles sont de celles qui sont cachées depuis la fondation du monde, de quel monde s'agit-il ? On se résignera à considérer que ce n'est pas avec la masse gazeuse galactique que le sujet cohénien trouvera son lien privilégié. Des deux grands livres examinés par le génie de Schelling, celui de la Nature et celui de l'Histoire, seul le second a requis l'attention de Cohen, raison pour laquelle j'ai tiré son amplification de la sentence dans un sens idéaliste qui fait courir le risque que l'esprit ne fasse jamais, bien que pénétrant à fond le nœud du problème de l'être et si loin que l'âme puisse avancer en se perdant de vue elle-même, que le tour de l'esprit. On retient la leçon de Nafala von Schwartzenberg : « "N'oubliez-pas", lui avait-elle dit, un jour, paraphrasant Schelling, "la réalité n'est que sentie" »[122].

122. *D'humaines conciliations*, p. 105.

TABLE DES MATIÈRES